Bewährte Reden zum Geburtstag

Günter Georg

Bewährte Reden zum Geburtstag

Musteransprachen für familiäre und offizielle Anlässe

Überarbeitete Auflage
von Michael Adam

FALKEN

Vom FALKEN Autor Günter Georg sind außerdem u. a. erschienen:
»Reden zum Jubiläum« (Nr. 595)
»Reden zur Hochzeit« (Nr. 654)
»Reden zu Familienfesten« (Nr. 675)
»Reden im Verein« (Nr. 703)

Den letzten Schliff erhält Ihre Rede mit Hilfe der Videokassetten »Rhetorik« (Nr. 6066) und »Körpersprache« (Nr. 6046). Beide Kassetten VHS, ca. 58 Minuten, in Farbe, mit Begleitbroschüre.

Unser Beitrag zum Umweltschutz:
Papier aus chlorfrei gebleichtem Zellstoff

ISBN 3 8068 0773 6

Umschlaggestaltung: Zembsch' Werkstatt, München
Titelfoto: Peter Udo Pinzer, Idstein
Nachauflagenredaktion: Winfried Schindler

Gesamtherstellung: Neuwieder Verlagsgesellschaft mbH, Neuwied

08077385X161 514 131 211 109

Inhalt

Vorwort

Ein Kind wird geboren. Eltern, Verwandte und Freunde feiern den ersten Geburtstag, bringen Geschenke, halten eine kleine Rede. Der achtzehnte Geburtstag steht vor der Tür. Jugendliche werden an diesem Tag volljährig und offiziell in die Welt der Erwachsenen aufgenommen. Eltern, Verwandte und Freunde feiern zusammen mit dem Geburtstagskind diesen neuen Lebensabschnitt. Auch hier darf eine kleine Ansprache nicht fehlen.

Der dreißigste, vierzigste, fünfzigste und sechzigste Geburtstag wird gefeiert. Den abgeschlossenen Lebensabschnitt läßt man in der Festrede Revue passieren. Gutgemeinte Wünsche für den nächsten Lebensabschnitt werden formuliert.

Neben all diesen Geburtstagen im Familien- und Freundeskreis gibt es Geburtstage, die im gesellschaftlichen Leben eine Rolle spielen. Der Chef gratuliert einem Mitarbeiter, ein Vereinsvorsitzender dem Ehrenmitglied. Oder eine Institution – ein Kindergarten, ein Verein, eine Gemeinde – feiert »Geburtstag«, in Form eines Jubiläumsfestes.

Hier wie da sollte eine gelungene Ansprache nicht fehlen. Sie kann ernst oder heiter, launisch oder besinnlich sein, je nach Einfühlungsvermögen und Einfallsreichtum des Redners, der das Geburtstagskind gebührend feiern und ihm seine ehrlich gemeinten Glückwünsche übermitteln möchte.

Dem Benutzer des Buches werden – wie in allen Bänden dieser Reihe – Musteransprachen für die unterschiedlichsten Redeanlässe und Rednerrollen angeboten. Man kann die Beispiele übernehmen, man kann sie als Bausteine benutzen und eine neue Rede zusammensetzen, man kann sie kürzen oder ergänzen. Daß in den Musteransprachen konkrete Namen, Begebenheiten und Orte genannt sind, dient lediglich dazu, den Aufbau und den Vortrag einer eigenen Rede zu erleichtern. Etwaige Ähnlichkeiten mit tatsächlichen Begebenheiten sind daher rein zufällig.

Geburtstage sind immer wichtige Feste in der Familie, dem Freundeskreis, in der Gesellschaft. Mit einer gelungenen Ansprache wird die Bedeutung dieses Tages besonders unterstrichen. Ich wünsche Ihnen von Herzen, daß Sie mit Hilfe dieses kleinen Bandes immer die richtigen Worte finden.

Günter Georg

Einige Hinweise für Ihre Rede

Nur ganz wenigen Menschen ist es vergönnt, zu jeder Zeit und zu jeder Gelegenheit aus dem Stegreif die passenden Worte zu finden. Wenn Sie selbst nicht zu diesen geübten Rednern gehören, dann sollten Sie bei der Vorbereitung Ihrer Ansprache besser nichts dem Zufall überlassen. Nur so können Sie ganz sicher sein, daß keine unangenehmen Pannen vorkommen. Nur so ersparen Sie sich und Ihrem Publikum höchst peinliche Augenblicke.

Reden zum Geburtstag werden meist im familiären Kreis gehalten, können aber im Berufsleben oder im gesellschaftlichen Bereich auch höchst offiziellen Charakter annehmen. Je nach Publikum sind dann natürlich auch die Anforderungen an den Redner, den Inhalt der Rede und an den eigentlichen Vortrag unterschiedlich.

Bei Reden im privaten Kreis, vor der Familie, vor Verwandten und Freunden kennt der Redner seine Zuhörer, so wie auch er den Zuhörern bekannt ist. Reden im privaten Kreis sind daher eher spontan als förmlich, eher gefühlsbetont als sachlich. Sie sind fast nie abstrakt oder theoretisch, sondern vollgepackt mit persönlichen Empfindungen und Wünschen, privaten Erlebnissen und Begebenheiten. Also nicht so sehr der Verstand, sondern mehr das Herz sollten Text und Vortrag leiten. Daher ist hier die gute freie Rede besser angebracht als ein möglicherweise geschliffener Vortrag, der von einem Manuskript abgelesen wird. Eine Ansprache im Familienkreis sollte keine langatmige Ausführung sein, sie sollte durch Lebendigkeit und Kürze überzeugen.

Offizielle Geburtstagsreden im Betrieb, im Verein oder im gesellschaftlichen Leben einer Gemeinde richten sich an einen völlig anderen Personenkreis. Die familiäre Vertrautheit, das intimere Wissen um Persönlichkeit und Begebenheit des privaten Kreises wird ersetzt durch ein distanziertes Verhältnis zur Person oder ein von Respekt und Achtung bestimmtes zur Institution. Dies bleibt nicht ohne Einfluß auf Redeinhalt und Vortrag.

Die nachfolgenden Überlegungen und Redebeispiele sollen Ihnen dabei als hilfreiche Handhabe dienen.

Wie bereite ich meine Ansprache vor?

Wie bei jeder anderen Rede benötigen Sie auch für eine Geburtstagsrede eine Fülle von Informationen.

Bei einer Geburtstagsrede im Kreis der Familie, vor Verwandten und Freunden sind Ihnen Ihre Zuhörer bekannt. Sie kennen die meisten persönlichen Daten, privaten Begebenheiten und gemeinsamen Erlebnisse. Sie kennen auch den ganz konkreten Anlaß für dieses Familienfest: den ersten Geburtstag, die jährliche Feier oder die besonders hervorzuhebenden runden Jubiläen, wie den dreißigsten, den fünfzigsten und sechzigsten.

Aus dieser Fülle von Stoff und Informationen wird es Ihnen ganz sicher nicht schwerfallen, eine aufmunternd-herzliche oder liebevoll-besinnliche Ansprache zusammenzustellen. Sie kennen den Kreis der Familie, der Verwandten und Freunde. Sie wissen, wo Gemeinsames oder Trennendes in Vergangenheit oder Gegenwart zu Übereinstimmungen oder Konflikten geführt hat. Obwohl es eigentlich selbstverständlich sein sollte, muß es hier dennoch erwähnt werden: in einer Geburtstagsrede im privaten Kreis haben familiäre Probleme, Konflikte und Auseinandersetzungen keinen Platz. Es gibt andere und bessere Gelegenheiten, sie auszudiskutieren. Das soll natürlich nicht heißen, daß Ihre Rede nur unverbindlich an der Oberfläche plätschern muß. Natürlich kann man in einer Geburtstagsrede auch einmal Sachprobleme ansprechen. Nur persönliche Meinungsverschiedenheiten und Auseinandersetzungen haben in einer Gratulationsrede nichts zu suchen.

Dreh- und Angelpunkt Ihrer Geburtstagsrede ist selbstverständlich das Geburtstagskind, bei den allerkleinsten stellvertretend für sie die Eltern und Paten.

Nehmen Sie sich einen Stift und Papier zur Hand und notieren Sie sich Stichpunkte, falls Ihnen nicht alles frei aus dem Gedächtnis zur Verfügung steht:

- Möglichst alle Namen, einschließlich der Spitznamen – falls vorhanden – des Geburtstagskindes.
- Tag, Ort und Uhrzeit der Geburt.
- Gab es besondere Vorkommnisse an diesem Tag innerhalb oder außerhalb der Familie? (Besorgen Sie sich notfalls eine Tageszeitung von damals. Die meisten Bibliotheken, ganz sicher aber die Zeitungsredaktionen verfügen über entsprechende Archive. Auch das Sternkreiszeichen läßt humorvolle Spekulationen auf die Zukunft oder heitere Nachbetrachtungen zu.)
- Gab es besondere Ereignisse vor, bei und nach der Geburt?
- Gibt es Veranlagungen, Vererbungen oder Begabungen, Gewohnheiten in der Familie, die sich beim Angesprochenen deutlich bemerkbar machen?
- Gibt es in der Familie Überlieferungen, Regeln oder Traditionen, die an diesem Festtag von Bedeutung sind?
- Gibt es alte Geschichten, Zitate oder Anekdoten aus dem Familienkreis, die die Rede rhetorisch würzen können; gibt es alte Bilder oder Kleidungsstücke, die bildlich-plastisch unterstützen?

Und wenn Ihnen das alles noch nicht ausreicht, fragen Sie bei dessen Partner nach, den Eltern, Geschwistern, Großeltern oder

Freunden und Nachbarn. Auf diese Weise gelingt es Ihnen, vielleicht schon Vergessenes wieder ins Gedächtnis zurückzuholen.

Legen Sie sich durch Ihre Stoffsammlung eine roten Faden, wägen Sie noch einmal ab, ob – und gegebenenfalls wo – die Harmonie dieses Geburtstagsfestes vielleicht durch eine mißverständliche Formulierung gefährdet sein könnte – und schon haben Sie einen wichtigen Schritt auf dem Weg zu einer gelungenen Ansprache getan.

Für eine offizielle Geburtstagsrede benötigen Sie Informationen über die Person oder die Institution, die es an diesem Tag zu feiern gilt.

Bei Geburtstagsreden im Betrieb oder Verein besorgen Sie sich persönliche Daten entweder aus den Personal- bzw. Mitgliedsunterlagen oder fragen Angehörige und Bekannte, Kollegen oder im Notfall auch das Geburtstagskind selbst. Da der Jubilar nicht immer vor einem ihm auch privat bekannten oder vertrauten Zuhörerkreis gefeiert wird, sind an die Verwendung privater Daten und Begebenheiten besonders strenge Voraussetzungen zu knüpfen. Sie müssen sich auf jeden Fall vergewissern, daß Sie die Privatsphäre nicht verletzen. Im Zweifelsfall fragen Sie bei den Angehörigen des Jubilars oder dem Betroffenen selbst nach. Gemeinsam erlebte Begebenheiten können dagegen Verwendung finden, sofern sie nicht für das Geburtstagskind negativ ausgelegt werden können. Nützlich sind auch Vorfälle, Begegnungen und Zitate aus dem Alltag des Betriebes, der Verwaltung oder des Vereins, erreichte Erfolge und Ziele; Mißerfolge und Pannen sollte man nur dann erwähnen, wenn sie allgemein oder vom Betroffenen selbst als komische Randbegebenheit verstanden werden. Witz und Heiterkeit dürfen niemals zu Lasten des Betroffenen oder der sonstigen Zuhörerschaft gehen. Hier ist ganz besonders großes Fingerspitzengefühl und Einfühlungsvermögen gefragt.

Gilt es, eine Institution zu feiern, z. B. einen Verein oder eine Gemeinde, so lassen sich interessante Daten in der Regel aus den vorliegenden Unterlagen, aus Chroniken, Archiven und Bibliotheken zusammentragen. Offizielle Chronisten oder unmittelbar betroffene Zeit- und Tatzeugen können eigene Erlebnisse, Meinungen und Eindrücke untermauern und ergänzen helfen. Hier lautet eine wichtige Regel: eine offizielle Geburtstagsrede nicht überfrachten mit einer endlosen Reihe von Einzeldaten und -fällen. Zahlen immer sparsam verwenden und wenn, dann abgerundet oder in Größenordnungen. Also nicht »zweitausendneunhundertsiebenundneunzig« sondern »fast dreitausend«. Dasselbe gilt für Zeit- und Namensangaben. Also nicht: Als Alfons Müller, Heinrich Herbert Meier, Isolde Huber ... und noch zwanzig weiter namentlich Benannte ... am Montag, dem 24. April 1923 beschlossen, am Dienstag, dem 25. April 1923, 9.20 Uhr, im zuständigen Vereinsregister, Zimmer 128 des Amtsgerichts Frankfurt, Am

Gerichtsplatz 2a, den »Musikverein Harmonie e.V.« anzumelden ...

Sondern: Als Alfons Müller und seine zwanzig Mitstreiter am 25. April 1923 den Musikverein Harmonie gründeten ...

Auch hier sollten Sie durch Ihre Stoffsammlung einen roten Faden legen und überprüfen, ob – und gegebenenfalls welche – persönlichen Daten nicht verwendet werden dürfen und auf welche Daten das Geburtstagskind persönlich besonderen Wert legt.

Wie soll ich vortragen?

Wenn Sie alle Informationen und Unterlagen für Ihre Rede zusammengestellt, geordnet und gegliedert haben, kommt der zweite, nicht weniger wichtige Schritt. Es genügt ja eben nicht, alles aufzuschreiben und dann das fertiggestellte Redekonzept einfach vorzulesen.

Sowohl bei Reden im Familien- und Freundeskreis als auch bei Reden vor fremdem Publikum kommt neben der inhaltlichen Ausgestaltung dem eigentlichen Vortrag ganz besondere Bedeutung zu. Und deshalb ist es wichtig für Sie, sich mit einigen Details zuvor vertraut zu machen.

Zunächst müssen Sie wissen, wo Sie sprechen sollen. Die private Geburtstagsrede wird in der Regel in häuslicher Umgebung, die offizielle Geburtstagsrede in einem Sitzungssaal oder einem Festsaal gehalten. Vor allem im letzten Fall müssen Sie prüfen, ob Sie eine Verstärkeranlage benötigen oder gegebenenfalls andere technische Hilfsmittel zur optischen Unterstützung ihrer Rede. Ist der Raum, sofern die Feier nicht zu Hause stattfindet, abgetrennt oder können Außenstehende zuhören? Dies ist wichtig, um beurteilen zu können, ob auch Dinge aus dem privaten Bereich erwähnt werden können.

Datum, Ort und Uhrzeit für Ihre Ansprache werden Ihnen bekannt sein. Dabei ist Pünktlichkeit eigentlich selbstverständlich, gleichgültig, ob Sie Ihre Rede als Gast oder Gastgeber zu halten haben.

Falls vor oder nach Ihnen jemand spricht, den Sie kennen, sollten Sie sich auf jeden Fall vorher kurz mit diesem anderen Redner abstimmen. Es wäre jammerschade, wenn ein guter Einfall durch mehrfache Wiederholung zerredet wird. Eine solche Abstimmung ist auch bei offiziellen Redeanlässen gang und gäbe.

Sie sollten sich vorher prüfen und entscheiden, ob Sie frei vortragen können oder ob Sie sich eines Manuskripts bedienen wollen. Im letzteren Fall sollten Sie oft memorieren und probesprechen, bis der Text wirklich gut sitzt. Bereiten Sie das Manuskript so vor, daß Sie nicht an den Seiten kleben müssen, sondern immer mit einem Blick den Faden Ihrer Ansprache weiterverfolgen können, d.h., ihr Manuskript muß weitzeilig geschrieben sein, wichtige Stichwörter kann man deutlich unterstreichen, usw. Die Textsicherheit beim freien Reden oder die relative Textsicherheit mit einem Manuskript wirken entkrampfend auf Mimik, Gestik, Haltung, Tonlage. Denn diese müssen mit dem Inhalt Ihrer Rede so übereinstimmen, daß beim Zuhörer keine unterschiedliche Beurteilung im Hören und Sehen, zwischen Gesagtem und tatsächlich Empfundenem auftreten kann. Und gerade bei einem Zuhörerkreis, der Sie kennt, werden Widersprüche schnell und deutlich offenkundig. Bei einem offiziellen Zuhörerkreis lösen Widersprüche zwischen gesprochenem Wort und Mimik oder Gestik leicht Irritationen aus. Obwohl man Sie hier nicht oder nicht näher kennt, werden Abweichungen registriert, wenn auch oft nur unbewußt.

Kleidung und Frisur sollen dem Redeanlaß angemessen sein. Konventionen sollte man hier, wenn es irgend geht, Rechnung tragen. Sie kennen ja als Familienmitglied, als Freund oder Nachbar die Familiengewohnheiten. Wenn in festlicher Atmosphäre gefeiert werden soll, schließen Sie sich ruhig an. Dann wäre legere Straßenkleidung oder salopper Freizeitlook falsch. Findet die Geburtstagsfeier allerdings in etwas gelockerter Umgebung statt, dann sollten Sie nicht unbedingt als einziger durch Ihr Festgewand aus dem Rahmen fallen. Bei offiziellen Anlässen wird in aller Regel in konventionell festlicher Kleidung gefeiert.

Mimik und Gestik müssen der Thematik entsprechen. Ihr Gesicht, die Hände, alle Signale, die Ihr äußeres Erscheinungsbild dem

Zuhörer und Betrachter vermittelt, sollten unterstreichen, daß Sie sich mitfreuen und Anteil nehmen. Vermeiden sie aber auf jeden Fall, die Signale bewußt steuern zu wollen. Sofern Sie kein ausgebildeter Schaupieler sind, mißlingt Ihnen dies mit Sicherheit. Also versuchen Sie nicht, Freude und Anteilnahme zu heucheln, wo Sie nur Pflichtgefühl empfinden. Ihr Unterbewußtsein würde Ihre tatsächliche Einstellung auch abseits des gesprochenen Wortes durch Mimik und Gestik dokumentieren.

Überlegen Sie vor Ihrer Rede, ob sie vielleicht Ihren Vortrag optisch unterstützen und verbessern können, zum Beispiel durch alte, vertraute Gegenstände, durch Fotos, Bilder, Texte. Der Aufmerksamkeitsgrad Ihrer Zuhörer bleibt um so höher, je besser es Ihnen gelingt, über das gesprochene Wort hinaus zusätzlich und gezielt optische Aufmerksamkeit zu erregen. Das gleiche gilt für akustische Hilfsmittel, die man ebenso einsetzen kann.

Auch Tonlage und Sprechrhythmus müssen stimmen. Weder zu laut noch forsch, weder zu leise noch monoton. Sprechen Sie für alle Zuhörer verständlich, mit den entsprechenden Betonungen da, wo Sie in Ihrer Ansprache die Höhepunkte setzen wollen. Alles Gekünstelte und Aufgesetzte nehmen Ihnen Ihre Zuhörer ohnehin nicht ab, denn sie kennen Sie ja auch aus anderen Situationen. Dies gilt zumindest für die Reden im privaten Bereich und bei den Reden unter Kollegen.

Denken Sie bei Ihrem Vortrag in diesem Kreise an die alte, und hier in ganz besonderem Maße geltende Faustregel, daß in der Kürze auch die Würze liegt. Nur zu leicht wird den Feiernden die Festtagsstimmung durch ellenlange Ausführungen gründlich vergällt. Und das wollen Sie ja wohl auf jeden Fall vermeiden!

Habe ich auch nichts vergessen?

Eine Rede vor der Familie, vor Freunden und Nachbarn sollte nicht weniger ernst genommen und damit nicht weniger gründlich vorbereitet werden als eine Rede vor fremdem Publikum. Denn alle, die Sie kennen, sollen ja nicht plötzlich das Gefühl haben, einem völlig anderen Menschen nur deshalb zu begegnen, weil er zufälligerweise eine Rede halten soll oder will. Auch wenn Ihnen vertraute Menschen zweifellos mit weniger Vorhehalten und mehr liebevoller Aufmerksamkeit zuhören als fremde, so wollen sie als Zuhörer aber doch genauso ernst genommen werden wie Außenstehende. Denken Sie also auch bei einer Rede im Familienkreis an alle Regeln, die auch für einen erfolgreichen öffentlich auftretenden Redner gelten.

Die nachstehende Checkliste soll Ihnen noch einmal helfen, nichts zu vergessen.

- Wo, wann und vor wem wird wie lange geredet?
- Gibt es Hilfsmittel, mit denen man den Vortrag auflockern kann (Bilder oder andere Erinnerungsstücke, Tonbänder, Video oder ähnliches)?
- Sind alle persönlichen Daten, wichtige Ereignisse aus dem Leben der zu feiernden Person präsent (Errungenschaften, Begabungen, Gewohnheiten usw.)?
- Was darf vor dem Geburtstagskind oder den Zuhörern auf gar keinen Fall erwähnt werden (alte Empfindlichkeiten, persönliche Verluste)?
- Können oder müssen Ansprachen aufeinander abgestimmt werden?
- Welche Personen müssen gesondert angesprochen werden (besondere Ehrengäste, die Ältesten oder Jüngsten im Kreis, die am weitesten Angereisten)?
- Welche Personen sollten auf keinen Fall erwähnt werden?
- Von wo aus wird gesprochen (vom eigenen Platz, von der Tafelfront, frei im Raum)?
- Wird Familienfeier oder Rede in Bild und Ton festgehalten (Redepositionen und technische Aufnahmemöglichkeiten überprüfen)?

- Ist freier Vortrag möglich oder muß nach Manuskript gesprochen werden?
- Wurde oft genug memoriert, so daß Textsicherheit gegeben ist?
- Ist das Manuskript möglichst unauffällig benutzbar?
- Liegt zwischen Redevorbereitung und Vortrag gegebenenfalls noch ein erwähnenswertes Ereignis, das unbedingt berücksichtigt werden muß?

Ansprache halten

- Sind Sie sicher, daß Sie der Aufgabe physisch und psychisch gewachsen sind?
- Ist das äußere Erscheinungsbild (Kleidung, Frisur) angemessen?
- Augenkontakt zu den Zuhörern aufnehmen und halten!
- Sind Mimik und Gestik, Haltung, Tonlage und Sprechrhythmus angemessen?
- Können Sie überall gehört werden?
- Können Sie – falls nötig – schneller zum Schluß kommen, oder behutsam verlängern, wenn Ihre Rede »zündet«?

Reden zum Geburtstag in der Familie

Reden am Tag der Geburt

Der Vater spricht zur Geburt des ersten Kindes

Liebe Eltern und Freunde,
verehrte Gäste,
wir zwei – Helga und ich – freuen und riesig, Euch alle zur Geburtstagsfeier unserer kleinen Katherine begrüßen zu dürfen.

Vor Euch stehen eine glückliche Mutter und ein ebenso glücklicher Vater. Die eigentliche Hauptperson, um die sich seit geraumer Zeit sowieso alles dreht, seht Ihr nicht, wenigstens im Moment nicht. Ihr werdet sie aber im Laufe dieses Abends ganz sicher noch lautstark zu hören bekommen.

Wir beide sind glücklich, stolz und froh, daß alles ohne weitere Schwierigkeiten abgelaufen ist, Mutter und Tochter wohlauf sind und der bei solchen Gelegenheiten wohl am meisten strapazierte Teil, der Vater nämlich, auch so ganz allmählich wieder aufatmen kann. Stolz und glücklich sind wir mit unserer kleinen Katherine, und dieses Glück wollen wir am heutigen Tage ein wenig mit Euch teilen. Denn Ihr habt alle in den vergangenen Wochen und Monaten geduldig mit uns auf das große Ereignis gewartet, habt uns mit Rat und Tat zur Seite gestanden, wenn Not am Mann, meistens aber Not an der Frau war. Herzlichen Dank also heute Euch allen für Eure liebe Geduld, – weniger mit einer werdenden Mutter, als vielmehr mit einem werdenden Vater – für Eure freundschaftliche Verbundenheit und all die vielen schönen und nützlichen Geschenke, die ihr heute mitgebracht habt.

Nun ist unsere kleine Familie vorerst mal komplett, und wir werden in unsere neuen Rollen erst einmal hineinwachsen müssen. Und so wird die heutige Geburtstagsfeier gleichzeitig auch ein Test. Ein Test dafür nämlich, wie lange es uns gelingt, ohne lautstarken Einspruch von Katherine ein erstes Familienfest stattfinden zu lassen. Ich bitte Euch nun alle, mit uns zusammen euer Glas zu erheben. Wir drei heißen Euch herzlich willkommen in unserer Mitte. Trinkt mit uns den ersten Schluck auf eine glückliche Zukunft unserer kleinen Katherine!

Die Mutter spricht zur Geburt des ersten Kindes

Ihr Lieben,
um ganz ehrlich zu sein, ich habe mir die Arbeitsteilung in einer jungen Familie eigentlich etwas anders vorgestellt. Aber Werner meinte in seiner fast schon sprichwörtlichen Bescheidenheit, daß er wahrscheinlich kaum die erforderliche Objektivität aufbringen würde,

und bei der Vorstellung unseres Sohnes sicher sofort wieder ins Schwärmen geriete. Denn eines sei zwar richtig: im überschaubaren Verwandten- und Bekanntenkreis seien bereits Kinder geboren worden, die auf den ersten Blick ganz nett gewirkt hätten. Aber bei unserem ersten Sohn sei das ja schon von Anfang an alles etwas ganz anderes gewesen als in den sogenannten Normalfällen. Bereits während der Schwangerschaft habe man unschwer erkennen können, daß sich hier ein ungemein lebhaftes und – wie Werner frühzeitig zu bemerken glaubte – ganz offenbar auch auch ein besonders hübsches Kind entwickele. Die besonderen Erbanlagen, in ganz überragendem Maße augenscheinlich vom Vater übertragen, hätten sich nicht zuletzt darin gezeigt, daß der vorausberechnete Geburtstermin selbstverständlich pünktlich eingehalten worden sei, was man vom Sohn eines gewissenhaften Beamtenvaters eigentlich auch gar nicht anders erwarten könne. Daß das Geburtsgewicht mit knapp zehn Pfund bei einer Größe von über fünfzig Zentimetern natürlich das sonst wohl übliche Maß übertroffen hatte, konnte bei diesen Vorbedingungen dann natürlich auch nicht mehr überraschen. Dank allgemein guten Zuredens und Tröstungen aller Art gelang es dann gerade so eben, die selbstverständlich überdurchschnittlichen Belastungen speziell dieses werdenden Vaters noch in erträglichen Grenzen zu halten. Kurzum, Werner hat mich gebeten, die heutige Begrüßungsrede zu halten, damit er sich noch ein bißchen schonen könne. Und das, meine ich, kommt einem jungen Vater natürlich zu, zumal Klein-Thorsten und auch ich im Krankenhaus ja schon tagelang Zeit und Muße hatten, uns von den Strapazen der Geburt zu erholen.

Seid also alle herzlich willkommen. Unser erster Schluck gebührt folgerichtig dem Wohle des geplagten jungen Vaters, der zweite Euch, die Ihr mir dabei helft, ihn wieder aufzurüsten, der dritte natürlich dem kleinen Thorsten, damit er wachsen und gedeihen möge, und ihm und uns allen eine glückliche Zukunft beschert sei.

Noch einmal herzlich willkommen und – Prosit!

Der Großvater spricht zur Geburt des ersten Enkels

Liebe Kinder,
verehrte Gäste,
Mutter und ich haben Euch heute Nachmittag zu uns eingeladen. Im großen Kreis der Familie und der Freunde wollen wir die glückliche Geburt des kleinen Stefan, unseres lang ersehnten ersten Enkels, feiern.

Nun liegt die Hauptperson dieser ersten Geburtstagsfeier satt und zufrieden in seinem Körbchen oben im Zimmer und hat wohl am allerwenigsten von dieser Feier, die ja eigentlich ihm zu Ehren stattfindet. Aber wir wollen die kleine Atempause, die er seiner geplagten

Mutter zwischen den gewohnten Mahlzeiten läßt, nutzen, um ein Gläschen auf das Wohl unseres jüngsten Familienmitgliedes und seiner glücklichen Eltern zu trinken. Geburtstagsfeiern wie diese hier entsprechen alter Tradition in unserer Familie. Alle kamen sie früher von nah und fern, um sich den neuen Familienzuwachs anzuschauen, um Geschenke zu bringen und den jungen Eltern Ratschläge zu erteilen. Dieser schöne alte Brauch hat die Zeiten überdauert, und das ist gut so.

So wächst jedes Kind in unserer Familie in eine traute Gemeinschaft hinein, so wissen seine Eltern, daß ihre Freude und ihr Glück von vielen geteilt und damit noch viel größer wird.

Wie es der alte Brauch erfordert, gilt unser erster Schluck den jungen Eltern. Du, liebe Nanni, und Du, lieber Rüdiger, habt ja nun schon fast zwei Wochen lang ein völlig neues Familiengefühl erleben dürfen. Unübersehbar und unüberhörbar verlangt der kleine Kerl sein Recht. Notfalls auch mit ganz energischer Lautstärke macht er Mutter und Vater klar, wer nun im Mittelpunkt der jungen Familie steht. Aber wenn man Euch Dreien so zuschaut, sieht und spürt man, daß Ihr mit dieser neuen Rollenverteilung eigentlich ganz zufrieden seid. Wir wollen darauf trinken und Euch von ganzem Herzen wünschen, daß es auch so bleibt.

Der zweite Schluck gebührt nach altem Brauch dem neuen Familienmitglied. Möge er groß und stark werden, mögen sich alle die guten Wünsche erfüllen, die seine Eltern und wir alle ihm bei seiner Geburt mit auf den Weg gegeben haben, mögen sich auch die Hoffnungen erfüllen, die wir in ihn setzen.

Der dritte Schluck gebührt den Alten in dieser Runde, nicht zuletzt den stolzen und glücklichen Großeltern. Mit Stefan haben wir die Gewißheit, daß unsere Gemeinschaft weiterwächst.

Der vierte Schluck gilt Euch allen, die Ihr heute gekommen seid. Mit Eurem Kommen zollt Ihr nicht nur dem alten Familiensinn Tribut, mit Eurem Kommen und Euren guten Wünschen stellt Ihr auch unter Beweis, daß die Gemeinschaft dieser Familie eine gute Chance hat, auch in Zukunft zu bestehen. Und das ist, meinen Mutter und ich, mit das wichtigste Geschenk, das wir heute dem Kind auf den Weg mitgeben dürfen.

Noch einmal herzlich willkommen in unserem Hause, auf Euer aller Wohl und auf eine gesunde und glückliche Zukunft.

Die Großmutter spricht zur Geburt des ersten Enkels

Liebe Kinder,
verehrte Gäste,
nun ist unser aller langgehegter Herzenswunsch endlich in Erfüllung gegangen. Mit der glücklichen Geburt des kleinen Jan-Peter hat sich die Liebe unserer beiden Kinder auf so schöne, eindrucksvolle Weise bestätigt. Daß es ein Wunschkind ist, sieht man ganz si-

cher nicht nur ihm selber, sondern auch den Eltern an. Und die Freude der stolzen Großeltern, ihr langerhofftes erstes Enkelkind endlich im Arm halten zu dürfen, ist ja wahrscheinlich auch nicht zu übersehen.

Für uns alle ist dies ein schöner und glücklicher Tag. Gerade wir Älteren empfinden Freude und Dankbarkeit, daß es uns vergönnt ist, im Kreise der Familie ein solch schönes Fest mitfeiern zu können, und deshalb war es uns eine gern übernommene Ehrenpflicht, die jungen Eltern ein wenig in ihrer Gastgeberrolle zu entlasten.

Nun wächst in unserer Familie ein neues junges Leben heran. Wir haben ihm und allen, die ihm helfend und beratend auf seinem Wege zur Seite stehen, viele gute Wünsche mitzugeben. Wünsche nach Glück, Gesundheit, Zufriedenheit. Aber neben unseren vielen Wünschen haben wir auch einen Teil unserer Hoffnungen mitzugeben. Hoffnungen, die wir einst für uns selbst gehegt haben, die wir dann für unsere Kinder hegten und von denen wir jetzt wünschen, daß sie sich alle in unseren Enkeln erfüllen.

Es war und ist die Hoffnung auf ein friedliches Miteinander innerhalb und außerhalb der Familie. Es ist die Hoffnung, daß die Liebe und das Glück dieser kleinen Familie und aller, die ihr nahestehen, nicht durch Neid, Mißgunst und Streit von außen in Gefahr geraten. Es ist die Hoffnung, daß die Freude und die Dankbarkeit, die diese Tage und Wochen bestimmt haben, anhalten und daß sie immer helfen mögen, vielleicht einmal auftretende Schwierigkeiten, Sorgen und Nöte leichter bewältigen zu können.

Glaube, Liebe, Hoffnung, diese drei – so heißt es im Bibelwort –, sind es, die das menschliche Leben bestimmen und die es erst lebenswert machen.

Glaube, Liebe, Hoffnung wünschen Großvater und ich Euch beiden und dem kleinen Jan-Peter. Sie sollen Euer Leben immer begleiten, sollen es reich machen und vor Gefahren beschützen. Sie sollen aber auch uns helfen, zuversichtlich in eine gemeinsame friedliche Zukunft zu schauen.

Ein Pate spricht zur Geburt des Patenkindes

Liebe Silvia,
lieber Volker,
liebe Freunde,
natürlich weiß ich auch, daß das Ehrenamt der Patenschaft formell erst am Tage der Taufe übertragen wird. Aber erstens habt Ihr mich als Paten sozusagen ja schon ausgeguckt und zweitens haben so formelle Überlegungen an einem Tag nichts zu suchen, an dem Freude, Glück, Stolz und Zufriedenheit herrschen sollen. Wenn ich also auch erst ein »Pate in Lauerstellung« bin, so bin ich doch ganz gewiß schon berechtigt, zur Feier der Geburt Eures ersten Kindes ein paar Worte zu sagen.

Ich wünsche Euch beiden viel Glück und Segen für Euer erstes Kind. Mögen alle Wünsche, alle Hoffnungen, ja alle Träume, die Ihr für Euer Kind, Eure Familie und Euer gemeinsames Leben habt, in Erfüllung gehen.

Ich wünsche Euch, daß Ihr Euch die Überzeugung und die Beharrlichkeit bewahren könnt, mit der Ihr Euch entschlossen habt, in eine gemeinsame Zukunft zu starten. Ich wünsche Euch, daß Eure Entscheidung füreinander durch Eure Entscheidung für Euer Kind noch stärker gefestigt wurde. Wer, wie die meisten von uns, Euch in den letzten Wochen täglich gesehen und gehört hat, der hat spüren und erleben können, daß sich mit diesem Kind für Euch beide ein großer gemeinsamer Wunsch erfüllt. Und so wünschen wir Euch von Herzen, daß Eure erprobte und bewährte Zweisamkeit sich in der neuen Dreisamkeit noch weiter bestätigt und ergänzt.

Was wir als Eure Freunde dazu tun können, wollen wir gerne tun. Und was darüber hinaus noch an besonderen Aufgaben und Pflichten auf den Paten zukommt, wird nach besten Kräften prompt und zuverlässig erledigt werden.

Ich bitte Euch alle, mit mir Euer Glas zu erheben und einen kräftigen Schluck auf das Wohl des kleinen Achim und seiner Eltern zu trinken.

Was Ihr beiden Euch selbst und Eurem kleinen Sohn für die Zukunft erhofft und ersehnt, dies alles möge in Erfüllung gehen!

32

Ein Freund des Hauses spricht zur Geburt des ersten Kindes

Liebe Familie Frankenfeld,
verehrte Gäste,
nun geht einem das Wort »Familie« bereits ganz glatt über die Lippen. Verehrte, liebe Frau Frankenfeld, lieber Götz, ich darf Ihnen, ich darf Dir zur Geburt der kleinen Katinka herzliche Glück- und Segenswünsche aussprechen. Möge die kleine Tochter zur Freude der Eltern heranwachsen und alle Hoffnungen und Wünsche erfüllen, die man in sie setzt und ihr mit auf den Weg gibt.

Wir, die Freunde, die Bekannten und die Nachbarn, haben mit Ihnen die vergangenen Monate bewußt durchlebt. Trotz aller Fortschritte der Medizin stellt es ja immer noch ein gewisses Risiko dar, bleiben Zweifel und Unsicherheiten bestehen, ob die Entscheidung für ein Kind in unserem Alter richtig ist. Ich meine hier nicht die leider oft nur oberflächlich geführte Diskussion über die Zukunftsaussichten und Perspektiven, die wir unseren Kindern und Enkeln allein in umweltpolitischer Sicht noch bieten können. Nein, ich meine ganz konkret die gesundheitlichen Risiken für Mutter und Kind, die in unserem ja nicht mehr ganz so jugendlichen Alter auftreten können.

Heute darf ich Ihnen sagen, daß wir Ihre Entscheidung bewundert haben, daß wir aber auch mit Ihnen gehofft und manchmal auch ein wenig gebangt haben. Wird alles gut und komplikationslos ablaufen, werden keine unverhofften Schwierigkeiten auftreten?

Vielleicht hat dies ein wenig dazu beigetragen, Ihre eigenen Hoffnungen zu stärken und möglicherweise auftretende Befürchtungen schneller abzubauen. Ich finde, daß man an einem Tag wie dem heutigen dies alles nicht einfach unerwähnt lassen sollte. Freude, Glück, Dankbarkeit und Stolz darüber, daß alles gut abgelaufen ist, daß Mutter und Kind gesund und munter sind, daß wir heute Gäste einer rundum glücklichen Familie sein dürfen, alles dies soll uns nicht vergessen lassen, daß wir an etwas Außerordentlichem teilhaben durften und nicht an etwas Selbstverständlichem. Und daß Sie, liebe Familie Frankenfeld, uns hieran haben teilnehmen lassen, an Ihren Hoffnungen, Ihrer Zuversicht und Ihren Zweifeln und schließlich heute an der frohen Feier der glücklichen Geburt Ihres so lang ersehnten Kindes, macht uns sehr stolz. Lassen Sie uns darum sagen, daß die in den letzten Monaten noch gewachsene freundschaftliche Verbundenheit erhalten bleibt und daß Ihr Kind darin immer seinen guten Platz behält.

Wir alle wünschen Ihrer Familie Glück und Segen in einer friedvollen Zukunft.

Reden zum achtzehnten Geburtstag

Der Vater spricht zum achtzehnten Geburtstag der Tochter

Meine liebe Christine,
heute feiern wir Deinen achtzehnten Geburtstag. Kinder, wie die Zeit vergeht. Wie im Zeitraffer sind die letzten Jahre vergangen. Als wäre es gestern und nicht fast fünfzehn Jahre her, sehe ich Dich an der Hand Deiner Mutter zum Kindergarten laufen. Als wäre es gestern und nicht fast dreizehn Jahre her, sehe ich Dich mit der dicken Schultüte und großen erwartungsvollen Augen zum ersten Schultag gehen. Viele Szenen sind in Erinnerung geblieben: der erste Schwimmversuch im Waldbad mit mörderischem Geschrei, die erste handgreifliche Auseinandersetzung mit den Nachbarskindern auf dem Spielplatz, das erste – ganz heimliche – Rendezvous, von dem wir natürlich alle wußten.

Es waren Augenblicke dabei, die für die Eltern zum Schmunzeln waren und solche, an denen uns vor lauter Schrecken fast die Luft wegblieb. Weißt Du noch, wie Du in vollem Tempo mit dem Fahrrad auf die Mauer geknallt bist? Mir wird heute noch angst und bange, wenn ich nur daran denke.

Vieles von dem geht mir heute durch den Kopf, an diesem Tag, an dem Du einen neuen wichtigen Lebensabschnitt beginnst. Heute bist Du achtzehn Jahre alt und schaust gleichermaßen vertrauensvoll und selbstbewußt in die Zukunft. Das Abitur im nächsten Jahr wird wahrscheinlich keine Schwierigkeiten machen, und das anschließend geplante Studium scheint ebenfalls realisierbar zu sein. Ist das nicht Grund genug für Optimismus, Zufriedenheit, Selbstbewußtsein in diesem Augenblick, in dem der Gesetzgeber Dir rein rechtlich die Verantwortung für Dich selbst überträgt? Ich meine: ja. Für Deine Eltern gibt es aber auch ein wenig Grund zur Wehmut, weil Du Dich mit jedem weiteren Schritt in Richtung Selbständigkeit und Unabhängigkeit immer auch ein wenig weiter von uns entfernen wirst bis zu dem Tage, an dem Du schließlich Verantwortung für eine eigene Familie und eigene Kinder übernimmst. Bis dahin ist es aber wohl noch ein gutes Stück. Wir beide, die Mutter und ich, wünschen Dir heute Glück und Erfolg auf dem neuen Lebensabschnitt. Wir hoffen für Dich, daß Du ein wenig von der Leichtigkeit, von der Illusion und der Phantasie der Jugend hinüberretten kannst in die Welt der Erwachsenen, in der man sich mit härteren Realitäten herumplagen muß. Wir hoffen, daß Du weiterhin selbstbewußt und gradlinig Deinen Weg gehst und vor allem, daß unser offener und herzlicher Kontakt zueinander auch in Zukunft nicht abreißen wird.

Vielleicht tut es Dir gut zu wissen, daß Deine Eltern Dir auch auf dem weiteren Weg in die Zukunft stets zuverlässige Weggefährten bleiben wollen; wir werden da sein, wenn Du wünscht, daß wir Dich ein Stückchen begleiten sollen.

Eine Mutter spricht zum achtzehnten Geburtstag des Sohnes

Mein lieber, großer Junge,
heute wirst Du achtzehn Jahre alt und bist damit volljährig. Mit dem heutigen Tag räumen Dir der Gesetzgeber und die Gesellschaft weitere Rechte ein, bürden Dir aber auch weitere Pflichten auf. Du wirst mit diesem einen Stichtag interessant für Parteien, für Vereine, für Unternehmen. Du wirst es an der eingehenden Post merken. Jeder meint, er hat Dir was zu bieten und wird versuchen, es Dir auf seine ganz spezielle Art und Weise anzutragen. Dem sehr geehrten Herrn Jungwähler eine Stückchen Weltanschauung, gut verpackt in eine Reihe wohlformulierter Versprechen für die eigene Zukunft. Dem sehr geehrten Herrn Markus Kempenich die Empfehlung, am besten bei der Bank X ein Konto einzurichten oder bei der Versicherung Y rechtzeitig für das Alter vorzusorgen durch den Abschluß einer speziell auf seine Verhältnisse zugeschnittene Lebensversicherung. Und so werden sich in den nächsten Tagen und Wochen viele bei Dir melden, von der Autofirma bis zur Krankenversicherung, von der Sparkasse bis zum Reisebüro. Alle wollen Dir nur das Allerbeste. Doch wenn man näher hinsieht, ist es eigentlich immer nur Dein Geld, Dein jetzi-

ges oder Dein künftiges, das sie wollen. Du wirst umworben und umschmeichelt, informiert und manipuliert.

Du wirst schnell lernen müssen, aus der Flut der vielen Versprechungen, Angebote und Verlockungen seriöse und unseriöse auszufiltern und Entscheidungen zu treffen, die Deinen eigenen Möglichkeiten und Grenzen, Notwendigkeiten und Wunschträumen entsprechen. Sicher wirst Du, wie wir alle, im einen oder anderen Falle Enttäuschungen erleben oder auch mal Lehrgeld bezahlen müssen. Aber was macht das schon aus, wenn dabei die Generallinie und die Grundüberzeugungen nicht verloren gehen.

Der achtzehnte Geburtstag ist ein schönes Fest, aber auch ein schwerer Tag. Denn der Gesetzgeber bürdet damit von einem Tag zum anderen einem jungen Erwachsenen ein hohes Maß an Verantwortung auf. Verantwortung für sich selbst, aber auch Verantwortung für andere. Ob der Gesetzgeber und die Gesellschaft gerade junge Menschen aber auch ausreichend auf diesen Tag vorbereiten, wage ich doch zu bezweifeln.

Du kannst zwar mit dem heutigen Tag Deine Entschuldigungsbriefe für die Schule selbst unterschreiben, bist aber gleichzeitig darauf angewiesen, daß Deine Eltern Dir eben diesen Schulbesuch auch ermöglichen. Du kannst jeden Vertrag rechtsgültig unterzeichnen, auch wenn – wie es dann im Kleingedruckten heißt – bei Jugendlichen ohne eigenes Einkommen es dann eben doch noch der zusätzlichen Unterschrift eines Elternteils bedarf, der gegebenenfalls das Ganze bezahlen muß. Du bist frei in der Wahl Deiner Ausbildung und Deines Berufes, mußt in der Praxis aber mit dem vorlieb nehmen, was andere in Verwaltung und Wirtschaft für Dich übrig gelassen haben. Der achtzehnte Geburtstag ist, wenn man es ein wenig ironisch betrachtet, der Tag, an dem man theoretisch zusätzliche Freiheiten erlangt und sich praktisch ihrer Grenzen bewußt wird. Wenn Du mit dieser Einsicht beginnst, erwachsen zu werden oder zu sein, dann, lieber Markus, bist Du ab heute so erwachsen wie wir, die wir uns schon eine ganze Weile an diesen Zustand haben gewöhnen müssen.

Mein lieber Markus, das sind so die Gedanken einer Mutter, die ihrem großen Sohn zum Achtzehnten gratuliert und hofft, daß es ihm gelingt, aus seinem künftigen Leben das Richtige zu machen. Daß es ihm gelingt, mit künftigen Niederlagen genauso fertig zu werden wie mit Erfolgen. Als Deine Mutter hoffe ich, daß alles Gewohnte, Vertraute und Bewährte in unser beider Zusammenleben nicht plötzlich von einem mehr oder minder zufälligen Datum an in Frage gestellt wird.

Ich gratuliere Dir von ganzem Herzen zu Deinem achtzehnten Geburtstag und wünsche Dir alles Gute für Deine Zukunft.

Ein Pate spricht zum achtzehnten Geburtstag

Lieber Christoph,
liebe Irene, lieber Paul,
liebe Freunde und Gäste,

zuallererst Dir, lieber Christoph, meine besten Wünsche zu Deinem achtzehnten Geburtstag. Mögen Glück, Erfolg und Gesundheit in der Zukunft Deine ständigen Wegbegleiter sein! Das wünscht Dir Dein Patenonkel von Herzen am heutigen Tage.

Als Deine lieben Eltern und ich uns nach langer, langer Pause ganz zufällig vor fast zwanzig Jahren auf einer Radtour im Münsterland wiedertrafen – Ihr wart da mit Euren Tennisfreunden unterwegs, wißt Ihr noch? – war ausgemacht, daß die Kontakte der beiden Familien nun nicht mehr abreißen sollten. Und so habe ich auch sofort ja gesagt, als mir Deine Eltern, lieber Christoph, dann vor Deiner Geburt das Ehrenamt eines Paten antrugen. Damals bin ich mir über die Rolle eines Paten eigentlich gar nicht so richtig im Klaren gewesen. Man weiß halt, was alle wissen. Ein Pate soll den Eltern bei der Erziehung des Kindes helfen, er soll nach besten Kräften die Entwicklung seines Patenkindes fördern, soll immer dann, wenn er gebraucht wird, mit Rat und Tat zur Verfügung stehen und vor allem soll er nach landläufiger Ansicht zu den üblichen Fest- und Feiertagen nicht mit Geschenken geizen. Im nachhinein betrachtet war bei uns alles ein wenig so, aber auch gleichzeitig ein wenig anders. Auf jeden Fall haben Deine Eltern und ich diese Patenschaft nie als eine formelle Angelegenheit angesehen. Aus der gemeinsamen Verantwortung um Deine Entwicklung und Erziehung ist eine enge Freundschaft entstanden, in die Du hineingewachsen und fest eingebunden bist. Auch ohne viele Worte haben wir immer Auswege und Lösungen gefunden, wenn es Schwierigkeiten und Probleme zu überwinden galt. Rückblickend sehe ich diese achtzehn Jahre als eine ganz bewußt erlebte Zeit in gemeinsamer, liebevoller Sorge um einen heranwachsenden Menschen.

Heute nun beginnt für uns alle ein neuer Lebensabschnitt. Für Dich, lieber Christoph, weil Du volljährig geworden bist und mit neuen Rechten und Pflichten in die Welt der Erwachsenen eintrittst. Für Deine Eltern, die Dich bewußt auf diesen Tag vorbereitet haben, die Dich gelehrt haben, Deine Rechte zu verstehen und zu gebrauchen und dabei Deine Pflichten nicht zu vernachlässigen. Auch für mich, Deinen Paten, beginnt ein neuer Abschnitt. Besser eigentlich, es endet ein alter. Mit dem heutigen Tag ist mein Patenamt offiziell erloschen, was aber nicht heißen soll, daß damit auch die jahrelang gewachsene und erprobte Freundschaft plötzlich in Frage gestellt sei. Unsere Beziehungen zueinander, lieber Christoph, werden sich gewiß nicht ändern, auch wenn aus dem »offiziellen« Patenonkel ein »nichtoffizieller« Gesprächspartner und Freund geworden ist. Der Abschiedsgruß für das Patenkind ist also gleichzeitig die Begrüßung für den dazugewonnenen jungen Freund. Zur Erinnerung an diesen Tag möchte ich Dir diese Uhr schenken. Wenn Du willst, ist es ein symbolisches Geschenk, weil sie Dich in der Gegenwart immer auch an die Vergangenheit und die Zukunft erinnert. Und so soll sie Dir auch weiterhin zeigen, daß unsere Freundschaft, die in der Vergangenheit gewachsen ist, heute erneuert wird und sich – wie wir uns alle wünschen sollten – auch in späteren Tagen bewährt.

Ich wünsche Dir und Deinen lieben Eltern am heutigen Tag und für die Zukunft alles Liebe und Gute.

Eine Schwester spricht zum achtzehnten Geburtstag des Bruders

Lieber Bruder,
endlich ist der langersehnte Tag auch für meinen kleinen Bruder gekommen. Achtzehn bist Du geworden und damit nach dem Gesetz volljährig und erwachsen. Und weil das ein so wichtiger Geburtstag ist, wollen wir auch heute gar nicht darüber philosophieren, was um Himmels willen sich die Politiker damals gedacht haben, als sie bei der Verabschiedung dieses Gesetzes unterstellten, der menschliche Fortschritt sei zwischenzeitlich so gewaltig gewesen, daß Jugendliche nun drei Jahre früher erfahren, reif und weise genug seien, um gleichberechtigt in der Welt der Erwachsenen mitzumischen. Wie dem auch sei, lieber

Bruder, der Ausdruck »gleichberechtigt« soll mein Stichwort sein. Willkommen also als gleichberechtigtes Mitglied in der Welt der Erwachsenen. Vorbei ist jetzt die Diskriminierung gegenüber Deiner Schwester, die immer länger ausgehen durfte als Du, die im Gegensatz zu Dir wählen durfte, die ihre Entschuldigungen selber unterschreiben durfte, den Führerschein für ein Auto machen konnte oder rechtsgültig alles bestellen konnte, was es auf dem Markt zu kaufen gab, von der Zeitung über die Versicherung bis zum Kleiderschrank. Vorbei auch die Diskriminierung gegenüber Deinen Eltern, die für Dich bestimmen und handeln und für Dich die Verantwortung übernehmen mußten, während Du selbst sicherlich vieles anders – und natürlich auch viel besser – hättest erledigen können. Vorbei also all diese Diskriminierungen, auch wenn es sich – wie Du sehr bald merken wirst – eigentlich immer nur um theoretische und oft genug sogar um eingebildete Diskriminierungen gehandelt hat.

Mit der Gleichberechtigung ist es nämlich so eine Sache – genau wie mit den Rechten. Rechte nützen einem nichts, wenn man sie nicht ausfüllen kann oder will. Was hilft mir ein Führerschein, wenn ich kein Auto habe? Was nützt es mir, daß ich meine Entschuldigungen für die Schule selbst unterschreiben darf, wenn ich genau weiß, daß ich hängen bleibe, wenn ich dauernd fehle? Was hilft es mir, wenn ich Kaufverträge zwar unterschreiben darf, aber kein Geld habe, das Bestellte überhaupt zu bezahlen?

Du siehst also, lieber Bruder, in Deiner so herbeigesehnten Erwachsenenwelt geht es häufig genau so prosaisch zu wie in der Welt der Jugendlichen. Zumindest so lange noch, bis Dir genügend eigene Wege und Mittel zur Verfügung stehen, daß Du als Dein eigener Herr aus eigenem Entschluß Rechte in Anspruch nehmen und die daraus erwachsenden Pflichten erfüllen kannst.

Willkommen also, lieber Bruder, in der Welt der Erwachsenen. Nach dem unerforschlichen Ratschluß des Gesetzgebers öffnet sie sich Dir jetzt drei Jahre früher als sie sich unseren Eltern öffnete, wobei mir nie so recht klar geworden ist, wem man damit eigentlich einen Gefallen getan hat. Mach' das Beste daraus, vergiß nicht, wer Du bist und was Du einmal wolltest! Bleib Dir selbst und uns treu und laß Dich nicht unterkriegen! In diesem Sinne gratuliert Dir Deine Schwester von ganzem Herzen zu Deinem heutigen achtzehnten Geburtstag.

Ein Bruder spricht zum achtzehnten Geburtstag der Schwester

Geliebte, kleine Schwester,
ich darf das doch hoffentlich noch sagen, obwohl Du ja heute so groß und so erwachsen geworden bist. Ich wünsche Dir alles Liebe und Gute, die Erfüllung all Deiner Wünsche und Träume für die Zukunft.

Nun habe ich mich als neugieriger Bruder gefragt, worin bestehen denn die Wünsche und Träume meiner kleinen Schwester, vor allen Dingen natürlich die vielen unausgesprochenen. Und da ja bekanntlich die Sterne nie lügen und wir auch überhaupt nicht abergläubisch sind, dachte ich mir, schaust Du am besten einmal in Trixi's Jahreshoroskop nach, wohin die Reise gehen wird. Denn wenn einmal das Ziel erkannt ist, sind – wie man weiß – Stier-Geborene nicht mehr zu bremsen, bis sie dieses Ziel auch erreicht haben. Stier-Geborene packen zu, zielsicher und zuverlässig und lassen sich vom Wege zum angestrebten Ziel nicht abbringen. Und das, liebe Trixi, wirst Du auch müssen. Dein Jahreshoroskop zeigt nämlich, daß Du in puncto Liebe und Freundschaft Nachholbedarf hast. Als ich das las, dachte ich zuerst, ich sehe nicht richtig. Aber da die Sterne ja nie lügen, wird es wohl doch so sein. Und so sieht der Wonnemonat Mai für Dich ein ausgesprochenes Hoch vor, verheißt Dir die Begegnung mit interessanten Menschen und schließt nicht aus, daß Du Dich im Frühsommer neu verliebst. Allerdings deutet das Horoskop auch an, daß Du im September oder Oktober zu jenen Bedauernswerten gehörst, die feststellen, daß sich ein Flirt doch nicht in die erhofften festen Bahnen lenken läßt. Doch zeigt der November dann wieder glückliche Tage, die von einer erwartungsvollen Adventsstimmung abgelöst werden, die wiederum über Weihnachten anhält und selbst zu Silvester nichts von ihrer ursprünglichen Intensivität eingebüßt haben soll. Alles in allem also erfreuliche Aussichten für Dein neues Lebensjahr und für mich als verantwortungsbewußten Bruder ein guter Grund, dem Aufbruch der kleinen Schwester in die große Welt mit großer Gelassenheit entgegenzusehen.

Wenn alles eintritt, was in Deinem Jahreshoroskop steht, gehst Du ausgesprochen günstigen Zeiten entgegen. Du mußt nur daran glauben und das Glück sprichwörtlich wie einen Stier bei den Hörnern packen. Wobei mir nicht ganz klar ist, wie ein Stier einen Stier – und sei es nur als Glück – bei den Hörnern packen soll. Aber das ist nur ein technisches Problem, das Du auch lösen wirst.

Liebe Trixi, zu Deinem »Achtzehnten« wünscht Dir Dein Bruder stets ein rosiges Horoskop auch in Zukunft, und daß nur das Positive darin immer in Erfüllung gehen möge.

Reden zu »runden« Geburtstagen

Der Partner spricht zum dreißigsten Geburtstag (I)

Lieber Johannes,
heute feiern wir Deinen dreißigsten Geburtstag, also nicht irgendeinen, sondern einen runden, und von allen runden sicher einen der bedeutungsvolleren. Um in der Sprache Deines so überaus geliebten Fußballs zu blei-

ben: Am dreißigsten wird zur Halbzeit gepfiffen. Es bleibt eine kleine Verschnaufpause, um sich die erste Halbzeit noch einmal vor Augen zu führen. Ziel erreicht oder nicht, Taktik richtig oder falsch, mit eigenen Leuten gut zusammengespielt, den Gegner unterschätzt, Spielplan eingehalten, wie oft ins Abseits gelaufen, Tore erzielt oder Selbsttore geschossen, zuviel Kraft in falschen Spielzug investiert und so weiter, und so weiter. Und dann müssen die Überlegungen während dieser Halbzeit-Verschnaufpausen schnell umgesetzt werden, um gut gerüstet in die zweite Halbzeit starten zu können. Halbzeit ist aber auch für uns, Deine Mannschaftsangehörigen und Mitspieler; und damit eine gute Gelegenheit, Dir bei der Spielanalyse zu helfen. Insgesamt betrachtet war es bislang kein schlechtes Spiel, auch wenn der Sieg noch lange nicht gesichert ist. Vom Start weg lief es soweit ganz gut, die herausgearbeiteten Chancen wurden im wesentlichen gut verwertet, die Kondition reichte aus und der Teamgeist half, die gegnerischen Attacken abzuwehren. Ein ansprechendes Spiel in der ersten Halbzeit mit einer ansprechenden mannschaftlichen Geschlossenheit. Der erreichte Torvorsprung müßte, wenn man ihn geschickt verteidigt und nicht übermütig wird, eigentlich ausreichen, um auch die zweite Halbzeit unbeschadet zu überstehen.

Nun heißt es, beizeiten die Kräfte einzuteilen und für die zweite Hälfte gut auf die Kondition zu achten. Ja, es wäre vielleicht auch gut, sich mit dem Gedanken vertraut zu machen, daß man nicht unbedingt mit den jüngeren Leistungsträgern konkurrieren muß, sondern lieber Spielwitz und gewonnene Erfahrung in der etwas ruhigeren Gangart der Alt-Herren-Mannschaft optimal einsetzt. Auch wenn ich natürlich weiß, daß man mit dreißig noch lange nicht zum alten Eisen gehört.

Nun ist mir meine gesamte Geburtstagsrede zum Fußballkolleg geraten. Aber Du weißt ja, wie es gemeint ist. Deine Familie will Dich zu Deinem Dreißigsten ermahnen, ein wenig mit Deinen Kräften hauszuhalten, damit auch für die nächsten dreißig noch genügend Kraft und Freude übrigbleibt. Sie will Dir sagen, daß sie auch weiterhin bemüht sein wird, mit großer mannschaftlicher Geschlossenheit dafür zu sorgen, daß der erreichte Platz auch langfristig gesichert wird. Und schließlich wollen wir natürlich, was nun um ein Haar tatsächlich völlig vergessen worden wäre, Dir von ganzem Herzen alles Liebe und Gute zu Deinem Geburtstag wünschen. Viel Glück, jede Menge Erfolg und vor allem Gesundheit!

Der Partner spricht zum dreißigsten Geburtstag (II)

Liebe Sigi,
wir alle gratulieren Dir heute ganz herzlich zu Deinem dreißigsten Geburtstag. Ich habe mir sagen lassen, der dreißigste Geburtstag einer Frau sei noch unverfänglich genug, um auch in der Öffentlichkeit genannt zu werden. Von

diesen dreißig Jahren haben wir beide allein schon fast neun Jahre, mit den Kindern zusammen schon sechs Jahre gemeinsam verbracht. Insgesamt betrachtet war dies eine gute Zeit. Irgendwie ist es uns immer wieder gelungen, anstehende Fragen beizeiten so zu besprechen, daß sie sich gar nicht erst zum großen Problem auswachsen konnten. Da gab es wahrlich eine ganze Menge Fragen zu beantworten, wie in jeder jungen Partnerschaft, die immer wieder ernste Bewährungsproben zu bestehen hat. Und wenn ich es heute noch einmal recht überdenke, so sehe ich, daß die Rolle einer Frau in diesen Aufbaujahren ja gewiß die schwerere ist. Zumal dann, wenn mit der gemeinsamen Entscheidung für ein Kind auch gleichzeitig, zumindest für eine Übergangszeit, die Entscheidung gegen eine eigene berufliche Weiterentwicklung der Frau fallen muß. Einen Beruf einzutauschen – zudem noch einen, den man gerne und engagiert ausgeübt hat – gegen die neue Aufgabe einer Mutter und Hausfrau, bedarf schon einer großen eigenen inneren Überzeugung, damit am Schluß nicht nur Frust für alle Beteiligten übrig bleibt. In unserer Familie ist von einem solchen Frust nichts zu spüren, im Gegenteil. Und dieses ist zum allergrößten Teil Dein Verdienst, liebe Sigi. Deiner guten Laune kann halt nichts widerstehen, und das will ganz sicher etwas heißen bei den unterschiedlichen Temperamenten in dieser Familie. Irgendwie kriegst Du uns halt immer wieder alle unter einen Hut. Und genau dies wollen die Kinder mit diesem Bild ausdrücken, an dem sie tagelang wacker gearbeitet haben. Das war gar nicht so einfach, denn Du solltest davon natürlich nichts wissen, das Bild sollte ja eine Geburtstagsüberraschung werden. Also, das in der Mitte auf dem Thron, das bist Du. Die Leute drumherum sind Dein Mann, Deine Kinder, die Großeltern, die Tanten, Onkel, Freunde, Bekannte und Nachbarn. Sie haben alle Blumen und Geschenke in der Hand und gratulieren zum dreißigsten Geburtstag. Und wenn Du jetzt ganz genau auf das Bild guckst, dann hängt ein kleines Kettchen mit einem großen Anhänger um Deinen Hals. Das gibt es auch in echt, nämlich hier in diesem Kästchen. Wir hoffen, daß es Dir Freude bereitet. Es soll Dich immer an Deinen dreißigsten Geburtstag erinnern und an uns alle, die Dich lieben.

Ein Vater spricht zum dreißigsten Geburtstag

Lieber Hans-Peter,
Deine Mutter und ich gratulieren Dir von ganzem Herzen zu Deinem dreißigsten Geburtstag. Es ist ja schon Dein dritter runder Zehner und glaube mir, schon ein prima Gefühl, wenn man als Eltern noch halbwegs gesund und munter runde Geburtstagsjubiläen mit den Kindern und Enkeln feiern kann. Vor nicht allzu langer Zeit haben wir unser komplettes halbes Jahrhundert gefeiert – das hört sich eigentlich fürchterlich alt an, findet Ihr nicht auch? Heute sind wir in die Rolle der Gratu-

lanten geschlüpft. Was wünscht man seinem dreißigjährigen Sohn zum Geburtstag neben den üblichen guten Wünschen für Glück, Gesundheit und Erfolg? Vielleicht ein bißchen mehr Ruhe und Entspannung, damit Du nach den Strapazen des Alltags auch die schönen Seiten des Lebens genießen kannst? Vielleicht ein bißchen mehr Zeit für alle die vielen kleinen, angeblich so nebensächlichen Dinge, die man immer vor sich herschiebt mit der Ausrede, die größeren und angeblich wichtigen hätten selbstverständlich Vorrang, und wenn man diese erst mal erledigt hätte, dann »könne man ja immer noch einmal ...«. Glaube mir, das »immer noch einmal« bekommt mit zunehmendem Alter die unangenehme Angewohnheit, sich unmerklich, aber auch unwiderruflich zum »niemals« umzuwandeln. Vielleicht sollten wir Dir aber auch ein bißchen mehr Abstand und Humor wünschen, damit Du vieles nicht mehr ganz so ernst nimmst, Dich selbst nicht ausgeschlossen, und damit Du aus dieser völlig anderen Perspektive mit mehr Gelassenheit an die Dinge herangehen kannst. Am besten wäre es, Du bekämst von allem ein bißchen und dazu noch ein kleines Quentchen Egoismus. Aber in dem Sinne gemeint, daß man die eigenen Bedürfnisse, Wünsche und Träume nicht ständig anderen, wie auch immer gearteten Sach- und Personenzwängen unterordnet. Dies alles wünschen Dir Deine Eltern zu Deinem dreißigsten Geburtstag. Und damit diese guten Wünsche und Anregungen auch den heutigen

Tag überdauern, haben wir Dir eine Torte mitgebracht.

Natürlich hat es mit dieser Geburtstagstorte auch seine Bewandtnis. Eugen Roth hat es mit einem kleinen Gedicht so unvergeßlich und meisterhaft ausgedrückt:

Ein Mensch kriegt eine schöne Torte.
Drauf steh'n in Zuckerguß die Worte:
»Zum heutigen Geburtstag Glück!«
Der Mensch ißt selber nicht ein Stück,
Doch muß er in gewaltigen Keilen
Das Wunderwerk ringsum verteilen.
Das »Glück«, das »heu«, der »tag«
verschwindet,
Und als er nachts die Torte findet,
Da ist der Text nur mehr ganz kurz.
Er lautet nämlich nur noch »burts«.
Der Mensch, zur Freude jäh entschlossen,
Hat diesen Rest vergnügt genossen.

Vielleicht helfen die Torte und das Gedicht von Eugen Roth immer dann, wenn man Gefahr läuft, Freunde nur noch »jäh entschlossen« zu genießen oder genießen zu können, statt vergnügt. Diesen Wunsch legen wir zusammen mit dieser wunderschönen Torte auf den Geburtstagstisch. Herzlichen Glückwunsch, lieber Hans-Peter, zu Deinem dreißigsten Geburtstag.

Ein Freund spricht zum dreißigsten Geburtstag

Liebes Geburtstagskind,
nun gehörst Du also auch zu jenen, denen man nicht mehr trauen kann, denn wie heißt es im Slogan der Sechziger-Generation: »Traue keinem über Dreißig!« Hast Du Dir eigentlich schon einmal überlegt, warum das so ist? Ich möchte Dir gewissermaßen als rhetorisches Geburtstagsgeschenk einen Erklärungsversuch für diesen Slogan übergeben. Vielleicht kannst Du für Dich selbst und selbstverständlich auch Deine Umgebung daraus eine nützliche Lehre ziehen. Also, ich stelle mir das so vor:

Zunächst sagen die Erwachsenen den Kindern, was für sie wichtig ist, und die Kinder glauben das. Doch während sie heranwachsen, verstärken sich die Zweifel der Kinder und Jugendlichen, ob das, was die Erwachsenen für wichtig halten, auch richtig ist. Einige Jahre später wissen die jungen Erwachsenen, daß das, was die älteren Erwachsenen einst für richtig hielten, nicht richtig ist. Doch so um die Dreißig herum ist dann der Zeitpunkt gekommen, wo die jüngeren Erwachsenen älter werden und nun auch wissen, daß das, was die jüngeren Erwachsenen von den älteren Erwachsenen wissen, vielleicht nicht ganz richtig, wahrscheinlich aber auch nicht ganz falsch ist. Und damit beginnt dann das sogenannte gefährliche Alter. Denn ständig steht man als Dreißiger unter Rechtfertigungszwang. Gegenüber den älteren Erwachsenen, gegenüber den jüngeren Erwachsenen, gegenüber den Kindern. Am Schluß weiß man selbst nicht mehr so genau, ob das, was wichtig war, auch richtig ist oder das, was richtig ist, auch wichtig war oder beides oder wie ...

Dieses Dilemma hat die sogenannte Sechziger-Generation ganz richtig zu Ende gedacht, denn sie hat sich am Schluß ja eigentlich selbst nicht mehr so recht über den Weg getraut.

Nun, ich wünsche Dir, daß Dir dieses Dilemma weitgehend erspart bleibt, daß Du weißt, was für Dich wichtig ist, und daß das, was Du als solches erkennst, auch richtig für Dich ist!

Du siehst also, daß das mit dem Dreißigsten wirklich nicht so einfach ist. Aber, um zum Aufhänger meines Erklärungsversuchs zurückzukehren: natürlich trauen wir Dir, auch wenn Du jetzt über dreißig bist. Und natürlich trauen wir Dir auch zu, daß Du selbständig und selbstbewußt auf Deinem Weg weitergehen wirst. Und wir sind überzeugt, daß wir uns als langjährige Freunde wie bisher auch auf diesem Wege begegnen, wann immer es wichtig und richtig ist. Von uns allen für die nächsten Etappen die besten Wünsche für Glück, Gesundheit und Zufriedenheit.

Der Partner spricht zum vierzigsten Geburtstag (I)

Liebe Barbara,
liebe Gäste,
als wir heute morgen im allerengsten Familienkreis unserem Geburtstagskind zum Vierzigsten gratulierten und ihm ankündigten, daß heute abend auf der Geburtstagsparty natürlich auch eine Ansprache nicht fehlen werde, bekam ich als zusätzlichen Geburtstagswunsch mit auf den Weg: Wenn es schon sein muß, dann mach's wenigstens kurz

Zum Vierzigsten muß es einfach sein, liebe Barbara, denn was wäre dieses Fest ohne Kommentar desjenigen, der sich fast ein Jahr lang den Kopf darüber zerbrochen hat, was zur Feier dieses Tages nicht nur an schönen Geschenken, sondern auch an guten und lieben Worten, Wünschen und Ratschlägen mitzubringen wäre. Schließlich soll das Geburtstagskind ja wohlversorgt und aufgemöbelt in das neue Lebensjahr entlassen werden. Aber wunschgemäß will ich es kurz halten.

Mit vierzig Jahren, so heißt es, habe man den Zenit des Lebens erreicht. Viele haben wohl auch ein wenig Angst davor, sich diesem Gipfel zu nähern. Das sind jene Enddreißiger, die ihren Zustand bis zum abrupten Übergang zum Fünfzigsten zu halten versuchen! Die Angst vor dem Gipfel ist aber doch nur die völlig unbegründete Befürchtung vor dem: »Von nun an geht's bergab«. Alles Unfug! Denn wenn man nach langem mühevollen Aufstieg einen Gipfel erreicht hat, nimmt man sich zunächst einmal genügend Zeit, sich ausgiebig auszuruhen und ein wenig Ausschau zu halten. Die ganze Seilschaft feiert zusammen das erreichte Ziel, so wie wir das heute auch tun wollen.

Dann schaut man sich in Ruhe einmal um, wie die Wegstrecke weiter verläuft. Und siehe da, kein steiler Abstieg liegt vor einem, sondern ein herrlicher Höhenwanderweg mit wunderschönen Ausblicken nach vorne und zurück, mit besserer Weitsicht als beim Aufstieg und mit weniger Zeitdruck. Man kann jetzt ruhig durchatmen und sich gestärkt und wohlgemut auf die nächste Etappe begeben. Das finde ich, ist doch ein prima Gefühl, zumal wenn man so vertraute und verläßliche Weggefährten hat. Der große Kreis all Deiner Gratulanten am heutigen Tag, liebe Barbara, will Dir zeigen, daß wir genauso fröhlich und zuversichtlich die nächste Etappe zusammen beginnen wollen, wie wir die vorangegangene beendet haben.

Selbstverständlich können wir als bergerfahrene alte Hasen unsere Wegstrecken besser planen als die jungen Gipfelstürmer. Also nicht nur steil bergan und danach ebenso steil wieder hinunter, sondern gemächlich auf und gemächlich ab, notfalls auch mit Umwegen von Gipfel zu Gipfel, bis die Wanderung irgendwann einmal zu Ende geht.

Und damit Du auch wohlgerüstet mit uns zur nächsten Etappe aufbrechen kannst, haben wir Dir diese neuen Wanderschuhe besorgt. Aber die müssen natürlich erst noch eingelaufen werden. Und so gehört zu diesen Wanderschuhen noch ein Wochenende auf der Wiesbadener Hütte in der Silvretta, weil sich gerade von dort aus die Höhenwanderung zwischen den Gipfeln mit neuen Stiefeln besonders gut üben läßt. Wir gratulieren Dir alle von Herzen zu Deinem Geburtstag und freuen uns mit Dir auf die nächste gemeinsame Etappe.

Der Partner spricht zum vierzigsten Geburtstag (II)

Lieber Herbert,
heute sind alle hier zusammen gekommen, um Dir von Herzen Glück und Segen zu wünschen zu Deinem vierzigsten Geburtstag: die Familie, die Freunde und Nachbarn, die Vertreter vom Musikverein, vom Kegel-Club und der Wandergruppe des Sportvereins. Wenn Deine Frau in diesem Kreis der Gratulanten als erste das Wort ergreift, dann soll das endgültig mit dem langlebigen Vorurteil Schluß machen, wir, die Frauen, hätten in unserer Familie immer das letzte Wort. Alles nur Gerüchte, wie man jetzt sieht und vor allem hört.

Was gibt man seinem Ehemann bei seinem Vierzigsten mit auf den Weg, habe ich mich gefragt. Es müßte etwas sein, was sein Hobby unterstützt, zur Gesundheit beiträgt und gleichzeitig das Familienleben fördert. Schon erraten? Deine Tochter und ich schenken Dir zum Geburtstag dieses Bestimmungsbuch für seltene Pflanzen in Wald und Feld. Drauf gekommen sind wir, als wir auf der letzten Wanderung Anfang Mai durch die Wutachflühen so seltene Exemplare wie den Alpenzwergbuchs, den rötlichen Schuppenwurz und den Aronstab fanden. Die waren ja nun wahrhaftig nicht leicht zu bestimmen, geschweige denn waren die lateinischen Bezeichnungen zu behalten. Wer weiß schon, daß sich hinter dem *Arum maculatum* der Aronstab und hinter der *Lathraea squamaria* der Schuppenwurz verbergen. Jedesmal schaust Du ungläubig, wenn wir – endlich nach Hause gekommen – in mühevoller Sucharbeit in den dicken Bestimmungsbüchern die unterwegs entdeckten Pflanzen ausfindig gemacht zu haben glaubten.

Aber das wird ja jetzt alles ganz anders, denn das neue Bestimmungsbuch ist leicht und handlich und kann deshalb zur ständigen Wanderausstattung gehören, und wie ich Dich kenne, wird es das auch – wenn es nicht, wie zum Beispiel der Fotoapparat, gerade dann wieder zu Hause liegen geblieben ist, wenn man es vor Ort am dringendsten braucht. Wir hoffen, daß Dir das Buch Freude macht und Dich ermuntert, das Schwergewicht Deiner Hobbies auf die Botanik zu verlagern. Denn unser Geschenk zu Deinem vierzigsten Geburtstag hat neben einem Sinn natürlich auch einen Hintersinn. Deine beiden Frauen, die alte Junge und die Junge, wünschen Dir zu Deinem Geburtstag alles Liebe. Bleib so, wie Du bist, damit wir auch in Zukunft zufrieden mit Dir und stolz auf Dich sein können. Herzlichen Glückwunsch und auf Dein Wohl!

Ein Elternteil spricht zum vierzigsten Geburtstag des Sohnes

Mein lieber Junge,
verehrte Gäste,
Deine Eltern gratulieren Dir, lieber Siegfried, von ganzem Herzen zu Deinem vierzigsten Geburtstag. Wir freuen uns mit Deiner Familie, daß wir diesen schönen Tag in einer so netten Atmosphäre zusammen feiern können. Es ist ja kein alltägliches Erlebnis, daß sich die Generationen gemeinsam zu einem harmonischen Familienfest zusammenfinden, so wie wir es heute an diesem runden Geburtstag tun können. Wir sollten diese Stunde also bewußt genießen. Du, lieber Siegfried, kannst am heutigen Tage zusammen mit Deiner Frau und Euren Kindern ruhig und zufrieden auf das Erreichte zurückblicken. Und ebenso gelassen wie optimistisch kannst Du in die Zukunft schauen. Ein herzliches Familienleben und viel Freude an den Kindern, beruflicher Erfolg und keine unüberwindlichen materiellen Schwierigkeiten, vor allem aber Gesundheit – welch bessere Bilanz könnte man für sich und die Seinen beim Aufbruch in das fünfte Lebensjahrzehnt wohl ziehen? Aber auch wir, Deine Eltern, haben an diesem Tage genügend Anlaß zur Zufriedenheit und Dankbarkeit. Wir wissen unsere Kinder und ihre

Familien wohlversorgt und glücklich. Wir haben uns von den Strapazen des langen Berufslebens schon wieder ein wenig erholt und lernen das Leben auch unter dieser neuen Perspektive genießen. Auch diese Bilanz könnte kaum besser sein. Also viele gute Gründe, um den heutigen Tag besonders festlich zu begehen. Lieber Siegfried, wir wünschen Dir und den Deinen eine gute und zufriedene Zukunft. Wir wünschen Dir und uns allen, daß wir alle das nächste Jubiläum genauso glücklich, harmonisch und gesund zusammen werden feiern können wie Deinen heutigen Ehrentag. Laßt uns alle unser Glas erheben und darauf trinken, daß alle diese guten Wünsche auch in Erfüllung gehen.

Eine Tochter spricht zum vierzigsten Geburtstag der Mutter

Liebe Mami,
lieber Vati,
verehrte Gäste,
wir wollen Dir, liebe Mami, zu Deinem vierzigsten Geburtstag ganz herzlich alles Liebe und Gute wünschen. Wir schenken Dir zu Deinem heutigen Ehrentag diesen großen Strauß gelber Rosen, denn es sind Deine Lieblingsblumen. Vierzig Rosen. Jede von ihnen für ein Lebensjahr und die Erinnerung an das schönste Erlebnis, das aus diesem Jahr im Gedächtnis geblieben ist. Bei den ersten zwanzig Jahren weiß ich nicht, welche Geschichte sich damit

verbindet, wohl aber bei den zwanzig nächsten. Denn in diesen zweiten zwanzig Jahren spielen wir selbst schon eine Rolle: Vati, Eva und ich. Und für diese Zeit sollen die Rosen nicht nur an ein schönes oder auch außerordentliches Ereignis erinnern. Nein, jede von ihnen dankt symbolisch für die dreihundertfünfundsechzig Tage Liebe, Wärme und Aufopferung für uns drei. So ist dieser Rosenstrauß halt nicht nur ein Strauß von Blumen, sondern ein Strauß von Erinnerungen, von Liebe, Dank und Zusammenhalt über viele schöne, gemeinsam erlebte Jahre hinweg. Und wenn der Strauß verwelkt, was dann? Keine Angst, wir haben schon vorgesorgt. Du hast Dir ja schon lange einen eigenen Fotoapparat gewünscht. Hier ist er, und obwohl er nur dazu da sein soll, Erlebnisse und Geschehnisse aus Deinem Blickwinkel festzuhalten, haben wir das erste Bild bereits verknipst – wir sind drauf mitsamt dem Rosenstrauß. Es ist ein Bild von der gemeinsamen Erinnerung, von der Gegenwart und, wie wir uns alle wünschen, von einer gemeinsamen glücklichen Zukunft. Wir gratulieren Dir von ganzem Herzen zu Deinem vierzigsten Geburtstag, liebe Mami, und alle, die Dich liebhaben, trinken mit uns zusammen nun auf Dein Wohl und darauf, daß wir noch viele schöne und glückliche Jahre verleben. Prosit!

Gruß- und Dankrede des Jubilars zum vierzigsten Geburtstag

40,
liebe Freunde und liebe Gäste,
40 ist im Leben eines Mannes ein besonderes Datum. Es gibt dazu zwei Theorien: Entweder ist der Mann mit 40 in den besten Jahren, oder er ist, wie Rauschenbach es als Buchtitel sagt (Buch hochhalten!) »völlig fix und 40«. Ich liege gefühlsmäßig irgendwo zwischen diesen beiden Extremen, mit leichter Tendenz zu den »besten Jahren«.

Was aber ist nun der »40te« konkret? Lassen wir uns überraschen, oder, wie Beckenbauer sagen würde, »schau' mer mal«!

40, da steht in vorderster Front die 4. Etwa die vier Jahreszeiten, von denen mir der Frühling natürlich am sympathischsten ist. Oder die vier Himmelsrichtungen. Früher, in der Sturm-und-Drang-Zeit habe ich die voll ausgenutzt. Jeden Morgen bin ich aus einer anderen Richtung ins Büro gekommen. Seit der Hochzeit mit Anne ist das anders: Ich weiß jetzt, wo ich daheim bin. Interessant ist auch das Vier-Mächte-Abkommen. Früher galt das für Berlin, da hieß es drei gegen einen. Heute hat sich das für Berlin erledigt. Nur bei mir zu Hause ist es immer noch in Kraft. Na gut, was haben wir noch? Richtig: das 4. Gebot. Bei den Katholiken bedeutet es: Du sollst Vater und Mutter ehren. Bei den Protestanten hingegen bedeutet das 4. Gebot: Du sollst den Sabbath heiligen. Das kommt mir als Beamten sehr entgegen, und ich bedaure, daß die Woche immer nur einen Samstag und einen Sonntag hat. Passend ist auch das vierblättrige Kleeblatt. Es ist als Glücksbringer begehrt, nur leider selten zu finden. Wie hier, Anne, André, Mario und ich, haben das Glück, ein solches vierblättriges Kleebaltt zu bilden.

Ihr seht, liebe Freunde, die 4 als Leitzahl der 40 hat es ganz schön in sich. Und auch die 40 hat was: Zum Beispiel die 40-Stunden-Woche ist inzwischen abgeschafft – seit einigen Jahren sogar für mich. Jedenfalls beruflich! Oder nehmen wir die 40 Märtyrer, von denen die Überlieferung sagt, daß sie vor gut anderthalbtausend Jahren den christlichen Heldentod gestorben sind – an manchen Tagen kann ich das richtig nachvollziehen. Oder betrachten wir zum Schluß das Märchen von Ali Baba und den 40 Räubern. Es paßt bestens auf den heutigen Tag: Ich bin derjenige mit dem Sesam-öffne-Dich und Ihr spielt die 40 Räuber, die sich jetzt über Essen und Getränke hermachen, bis auch die letzten Häppchen vernichtet sind.

Ich freue mich, euch hier zu haben, danke für die tollen Präsente und hoffe auf mindestens 4 bis 40 schöne Stunden mit Euch allen.

Ein Kind spricht zum fünfzigsten Geburtstag des Vaters

Lieber Paps,
liebe Gäste,
die ganze Familie gratuliert Dir herzlich zum Fünfzigsten. Wir wünschen Dir Glück und Gesundheit und weiterhin viel Elan und Gelassenheit. Möge Dir die Fähigkeit erhalten bleiben, Dich selbst und alle anderen nicht allzu wichtig zu nehmen. Vor allem aber wünschen wir Dir, daß Streß und Ärger im Büro endlich weniger werden und Dir mehr Zeit und Ruhe bleibt, Dich um die Familie, die Freunde und Deine Hobbies kümmern zu können. Und schließlich wünschen wir Dir, daß von all Deinen Wünschen an das nächste Lebensjahrzehnt, den großen und den kleinen, möglichst viele in Erfüllung gehen. Aber da braucht man bei Widder-Geborenen ja ohnehin keine allzu großen Sorgen zu haben. Denn den Widdern sagt man nach, daß sie ihr Schicksal am liebsten selbst in die Hand nehmen, gemäß dem Motto: »Wer wagt, gewinnt«. Und so steht dem Ehrgeiz und dem Erfolg eines Widders meist nur er selbst im Wege, wenn er nämlich zuviel wagt oder sich zuviel auflädt. Was also wünscht man einem Widder zum fünfzigsten Geburtstag? Hohes Risiko und damit ebenso hohe Gewinnchancen? Oder wünscht man Einsicht und Durchhaltevermögen, um mit weniger Risiko einen dafür um so andauernderen Erfolg zu erreichen, auch wenn es so etwas länger dauert? Ich weiß, ich weiß – Ge-

duld ist eines Widders stärkste Seite nicht, und deshalb wünsche ich Dir die Energie, die Durchhaltekraft und vor allem die Gelassenheit, die Du brauchst, um die gesteckten Ziele zu erreichen. Und ich wünsche Dir das Glück, das man braucht, um große Chancen möglichst ohne hohes Risiko umsetzen zu können. Drittens die Kunst und die Zeit, immer richtig abwägen zu können, wann man sich selbst und anderen zuviel auflädt und dadurch sich oder andere überfordert. Und schließlich: weiterhin soviel Impulsivität und Aktivität wie bisher, dann wird es uns allen ganz gewiß nie langweilig miteinander werden. Deine Frau, Deine Kinder und Deine guten Freunde sind heute hier zusammengekommen, um mit Dir gemeinsam die ersten Schritte ins neue Jahrzehnt zu gehen. Wir wünschen Dir von Herzen, daß die nächsten Jahre ähnlich glücklich, erlebnisreich und erfolgversprechend werden wie die hinter uns liegenden. Kurzum, wir alle wünschen Dir auch weiterhin eine schöne Widder-Zeit und die Kraft, sie aktiv mitzugestalten und mitzuleben. Prosit!

Ein Freund spricht zum fünfzigsten Geburtstag

Mein lieber, guter Frank,
willkommen bei den Fünfzigern und herzlichen Glückwunsch zu Deinem Geburtstag. Es ist ein bedeutungsvoller Tag, dieser fünfzigste Geburtstag. Irgendwie steht man mittendrin, man könnte auch sagen, dazwischen. Für die

Jungen schon zu alt, für die Alten noch viel zu jung. Irgendwo zwischen dem Gestern, dem Heute und dem Morgen. Kein leichter Standort, aber ein interessanter. Goethe umschreibt es in seinen »Zahmen Xenien« so:

»Das Schlimmste, was uns widerfährt,
Das werden wir vom Tag gelehrt.
Wer in dem Gestern Heute sah,
Dem geht das Heut' nicht allzu nah,
Und wer im Heute sieht das Morgen,
Der wird sich rühren, wird sich sorgen.«

Auf eine kurze Formel gebracht – mein alter Deutschlehrer möge mir verzeihen – heißt das wohl: Sich nicht in der Vergangenheit vergraben, sich vor der Zukunft nicht fürchten, bewußt in der Gegenwart mit ihren Problemen leben, dies ist das beste Rezept, um mit den immer vorhandenen Unzulänglichkeiten und Schwierigkeiten des Lebens fertigzuwerden. Ich glaube, daß man erst mit fünfzig alt genug und dennoch jung genug ist, um mit diesem Rezept auch richtig umgehen zu können. Nun gebe ich ja zu, daß Goethes Reim nicht unbedingt dem Gedächtnis so schmeichelt, daß er länger darin haften bleibt. Und ich weiß, daß Du den ollen Goethe auf den Tod nicht ausstehen kannst. Was lag also näher, als Dir ganz speziell zu Deinem fünfzigsten Geburtstag ein Neubearbeitung der alten Goethe-Weisheit zu widmen, vielleicht kannst Du sie eines Tages bei einer Deiner vielen Veröffentlichungen einmal verwerten:

Mein lieber Frank, mit fünfzig Jahren
kann Dir gewiß nicht widerfahren,
Was Goethe einst in Verse zwängte:
Daß nämlich eine eingeengte
Betrachtensweise unserer Tage
Erbrachte einen Grund zur Klage.
Das heißt, das Schlimmste, Gott sei Dank,
bleibt Dir erspart, mein lieber Frank.
Daß es so bleibt bis ganz zuletzt
Das wünscht Dir Goethe – übersetzt.

Ein Sohn spricht zum sechzigsten Geburtstag des Vaters

Mein lieber Papa,
heute haben sich alle Dir zu Ehren versammelt. Um Dir von ganzem Herzen Glück und Segen zu wünschen zu Deinem sechzigsten Geburtstag. Um Dir und uns zu wünschen, daß wir in Frieden und Gesundheit noch viele Jahre zusammen werden erleben dürfen. Alle diese guten Wünsche legen Dir Deine Frau, Deine drei Kinder, Deine sieben Enkelinnen und Enkel und die vielen Freunde, Nachbarn und Bekannten heute auf den Geburtstagstisch, neben alle diese schönen Geschenke, die Dir zeigen sollen, mit wieviel Liebe, Zuneigung und Dankbarkeit Dein heutiger Ehrentag gefeiert werden soll.

Der sechzigste Geburtstag ist in vielerlei Hinsicht ein bedeutungsvolles Datum. Zuallererst natürlich für das Geburtstagskind selbst. Man nähert sich mit Riesenschritten dem Tag, an dem man endlich Abschied nehmen kann von den Mühen und Anstrengungen des Erwerbslebens; wo man sich ein wenig stolz und zufrieden zurücklehnen kann und auf das Geschaffene schaut. Wo man gerne in einer ruhigen, besinnlichen Stunde Bilanz zieht für sich und alle die, für die man weiterhin Verantwortung zu tragen hat.

Zu Deinem sechzigsten Geburtstag wollen wir diese Bilanz für Dich ziehen. Wir möchten Dir sagen, daß Du allen Grund hast, zufrieden zurückzuschauen. Und wir möchten Dir sagen, daß Du keinen Grund hast, skeptisch nach vorne zu blicken. Dein Haus ist gut bestellt. Das sieht man ja schon daran, daß es heute förmlich überquillt von der Schar der Gratulanten, die gekommen sind, um mit Dir diesen schönen Jubiläumstag gebührend zu feiern. Und daß sie alle gerne gekommen sind, könnte man, wenn man es ohnehin nicht wüßte, ganz einfach an den frohen Gesichtern sehen und an den munteren Worten hören. In dieser fröhlichen, herzlichen Atmosphäre haben lange Reden keinen Platz. Deshalb möchte ich mit einem Toast schließen:

Unser geliebter Papa und Opi,
unser treuer Freund und verläßlicher Nachbar,
unser guter Schorsch,
er lebe hoch, hoch, hoch.
Auf Deinen sechzigsten Geburtstag
und noch viele gute Jahre – Prosit!

Ein Bruder spricht zum sechzigsten Geburtstag

Mein lieber, guter Arnulf,
liebe Freunde, verehrte Gäste,
die Pflichten unter den Geschwistern sind stets ungleich verteilt. Härter trifft es immer die älteren. Zuerst versuchen die Eltern, an ihnen ihre Erziehungsvorstellungen durchzusetzen. Alles, was da nicht klappt, was sich nach mehreren Anläufen als falsch und überflüssig erwiesen hat, bleibt den jüngeren erspart. Darüber hinaus aber haben die älteren Geschwister immer die Verantwortung für die Jüngeren. Ich hör's noch wie heute:

»Kannst Du denn nicht wenigstens darauf aufpassen, daß Arnulf nicht immer in den Matsch fällt?« Ältere Geschwister haben's schwer, von ganz jung bis zum reifen Alter. Die Jüngeren hängen ihnen wie ein Klotz am Bein: »Paß mal auf den Kleinen auf!« »Warum nimmst Du den Kleinen nicht mit zum Spielen?« »Wenn Du mit Anne schon ins Kino gehst, kannst Du den Kleinen doch auch mitnehmen. Er stört doch nicht, oder?« Dieses »oder« war das vertrackteste Wort für den älteren Bruder. Natürlich hat »der Kleine« immer gestört, beim Spielen mit den Freunden, bei den Hausaufgaben, beim Rendezvous. Aber als älterer Bruder ist man ja abgerichtet worden, nichts zu sagen, den Matsch wieder abzuwaschen, die Rechenaufgaben nachzusehen, im Kino sich dann doch mit dem Film statt mit der ersten Freundin zu beschäftigen.

Aber irgendwann muß das alles einmal heraus. Und ich meine, daß der sechzigste Geburtstag eigentlich ein Tag ist, wo man alle diese Beschwerden endlich loswerden kann, ohne den jüngeren Geschwistern dabei noch auf die Zehen zu treten, denn nach einer so langen Zeit aufopfernder Zuneigung und Pflege durch Eltern und ältere Geschwister müßten auch die jüngeren Geschwister – vor allem aber die empfindlichen jüngeren Brüder – für die Alltagswahrheiten gerüstet sein.

Wenn unsere Eltern diesen schönen Tag noch hätten mit uns feiern können, dann hätten sie jetzt bestimmt zu mir gesagt: »Mußt Du denn schon wieder so hart mit dem Jungen umspringen?« Aber Du weißt ja, wie's gemeint ist, lieber Arnulf! Genauso wie die gute, lange Zeit, die wir zusammen verleben durften. Wir alle wünschen Dir zu Deinem heutigen sechzigsten Geburtstag alles Liebe und Gute, eine stabile Gesundheit und vor allem daß Dich niemals Dein Humor im Stich läßt, der Dir auch heute geholfen haben dürfte, die Geburtstagsrede Deines Bruders zu ertragen. Lieber Arnulf, Glück und Segen für die nächsten Jahrzehnte.

Ein Freund spricht zum sechzigsten Geburtstag

Liebe Annemarie,
Deine Freunde wollen Dir zum heutigen Geburtstag die herzlichsten Glückwünsche überbringen. Wir freuen uns, daß Deine Ge-

sundheit wieder soweit hergestellt ist, daß wir in vertrauter Runde hier zusammen feiern können. Denn dieses Jahr fing ja nicht so gut an für Dich. Zuerst die Durchblutungsstörungen im rechten Bein und dann die verflixten Gallensteine. Zwei Eingriffe in einem Jahr sind nicht so ohne, und deshalb heißt unser erster und wichtigster Geburtstagswunsch an diesem Tag: Möge das nächste Jahrzehnt dich verschonen von all diesen Beschwerden, von den großen und kleinen! Und daran schließt sich unser zweiter Wunsch an, der Wunsch nämlich, daß der Wettergott uns immer dann gnädig gesonnen sein möge, wenn wir zu unserer jetzt schon traditionellen Samstagswanderung aufbrechen.

Unser dritter Wunsch hängt mit dem Inhalt dieses Kartons zusammen. Er enthält, vielleicht hast Du es ja schon erraten, als gemeinsames Geschenk von uns allen die Trachtenjacke, die Du Dir schon so lange für die Wanderungen gewünscht hast. Wir hoffen natürlich, daß Dir diese Jacke auch wirklich gefällt. Und wir hoffen, daß sie Dir noch viele Jahre gute Dienste leisten wird. Schließlich gibt es noch einen allerletzten Wunsch all Deiner Freunde zu Deinem heutigen Geburtstagsfest: wir wünschen Dir und uns, daß wir noch viele schöne Stunden zusammen in dieser vertrauten Runde verbringen können und alle besonderen Feste gemeinsam feiern. Und daß wir immer ganz bewußt und dankbar diese gemeinsame Zeit nutzen.

Liebe Annemarie, Deine Freunde gratulieren Dir von ganzem Herzen zu Deinem sechzigsten Geburtstag.

Ein Sohn spricht zum siebzigsten Geburtstag des Vaters

Lieber Vater,
liebe Mutti,
verehrte Gäste,
die Wohnung platzt schier aus den Nähten. So viele Gratulanten sind gekommen, um Dir, lieber Vater, von Herzen alles Liebe und Gute zum 70. Geburtstag zu wünschen. Alle sind sie da. Die große Familie ist komplett, wie es sich an solch einem Ehrentag gehört. Die vielen Freunde sind gekommen, ein paar von den alten Kolleginnen und Kollegen, natürlich auch die Nachbarn. Ein großer Kreis, der diesen festlichen Tag mit Dir zusammen feiern möchte. Und mir ist dabei die schöne Aufgabe zugefallen, ein paar Worte über das zu sagen, was uns alle an diesem Tag berührt. Das ist nicht ganz einfach, denn jeder, der Dich kennt, weiß ja, daß Du kein Freund großer – und vor allem nicht vieler Worte bist. Aber man braucht weder große noch viele Worte, um unsere Gedanken am heutigen Tag auszudrücken. Deine ganze Familie möchte Dir heute besonderen Dank sagen. Dank für Deine Liebe und Zuneigung, Dank für die vielen Mühen, die Du während eines langen Berufslebens für Deine Familie auf Dich genommen hast, Dank für Dein offenes Ohr für alle die

vielen kleinen und großen Probleme, Wünsche und Hoffnungen Deiner Frau, Deiner Kinder und Deiner Enkel. Dank vor allem aber dafür, daß Du anderen immer mehr gegeben als Du von ihnen jemals für Dich selbst gefordert hast. Neben dem herzlichen Dank zollen wir aber auch tiefen Respekt vor dem – besonders uns Jüngeren stets vorgelebten – überzeugenden Beispiel, das Du uns immer gegeben hast. Ich will nicht verschweigen, daß uns Dein gutes Beispiel häufig genug Grund zum Staunen gegeben hat. Mit Deiner Gelassenheit und Deinem herzlichen Humor hast Du auch in den schwierigsten Situationen Deiner mehr oder minder geknickten Umwelt immer wieder Mut und Zuversicht gegeben. Was ich gesagt habe, gilt nicht nur für die große Familie. Ich weiß, daß Deine alten Kollegen, die Freunde und Nachbarn ähnlich denken. Denn nicht ohne Grund haben Dich Deine Kollegen über viele Jahre zur Vertretung ihrer Interessen in den Personalrat gewählt und die vielen Freunde und Nachbarn immer »ihren« Hans eingeschaltet, wenn Rat und Tat, manchmal aber auch nur ein wohltuendes Gespräch gefragt waren. Du hast uns allen vieles mitgegeben, und manchmal überlege ich mir, ob wir dies nicht oft als allzu selbstverständlich angenommen haben. Oder ob wir nicht bereits viel früher und viel energischer gegen Deine Ablehnung vieler und großer Worte, mit der Du ja meistens ein »Dankeschön« abgetan hast, hätten angehen sollen oder müssen. Aber wahrscheinlich hast

Du ja auch so gemerkt, wie wir es, auch ohne viel zu sagen, gemeint hatten.

Aber heute nützt Dir das alles nichts. An diesem besonderen Festtag gilt: »Wes das Herz voll ist ...«

Und das Herz aller, die Dir heute zu deinem siebzigsten Geburtstag gratulieren, ist voll von Liebe, Freundschaft und guten Wünschen, und so darf ihnen der Mund übergehen, und sie dürfen ihre Dankbarkeit ausdrücken. Dies kann und soll kein Ausgleich sein für das, was wir Dir verdanken. Es ist nur der Ausdruck der Hoffnung auf noch viele schöne Jahre in Glück, Gesundheit und Zufriedenheit für Dich, Deine geliebte Frau und uns alle zusammen.

Und darauf sollten wir jetzt einen kräftigen Schluck trinken! Sehr zum Wohl, lieber Vater.

Ein Enkel spricht zum siebzigsten Geburtstag der Großmutter

Liebe Oma,
wir wünschen Dir von ganzem Herzen Glück zu Deinem siebzigsten Geburtstag. Wir, das sind Deine vier Enkel und Deine drei Kinder. Ausnahmsweise geht es heute einmal anders herum, die »Kleinen« dürfen sprechen, die »Großen« müssen zuhören. Aber nun weiß ich vor lauter Aufregung gar nicht, wie ich anfangen soll. Wenn es also jetzt ein wenig durcheinander geht, so ist das ja hoffentlich nicht so schlimm, ich probier's einfach mal.

Zunächst möchte ich sagen, daß wir alle stolz auf unsere junggebliebene Oma sind. Keiner, der es nicht besser weiß, würde uns glauben, daß wir heute schon Deinen siebzigsten feiern. Das Geheimnis liegt wahrscheinlich darin, daß Du immer mitmachst, selbst im dicksten Familiengetümmel. Und Dein Interesse für die Jungen läßt ja auch dann nicht nach, wenn sich deren Hobby lautstark und stereophon äußert. Ich will damit sagen, daß unsere Oma eben bei den neuesten Hits und Charts nicht ausflippt und einfach abdreht, sondern im Gegenteil interessiert ist und mitmacht. Es war, wenn ich mich recht erinnere, bei der Feier Deines Fünfundsechzigsten, daß Du noch einen zünftigen Rock'n'Roll hingelegt hast. Und das können wir ja heute wieder ein bißchen üben, wenn der offizielle Teil der Feier vorbei ist.

Jetzt bin ich doch total vom Thema abgekommen. Also zurück! Wir, Deine Enkel und Deine Kinder, haben uns natürlich lange Gedanken gemacht, was wir Dir zu Deinem heutigen Ehrentag schenken könnten. Und plötzlich hatten wir beim Blättern in alten Fotoalben die zündende Idee. Wir haben lange gesucht, kopiert, ausgeschnitten und geklebt. Und soweit sich das überhaupt zurückverfolgen ließ, haben wir auch geforscht. Das Ergebnis ist dieser Stammbaum in Bildern, der – wie wir alle finden – ganz toll geworden ist. Bis zurück zu Deinen Großeltern – meinen Ur-Ur-Großeltern – sind wir fündig geworden. Freilich ist die Qualität dieser Bilder nicht die beste, aber sehen sie in ihrer Sonntagstracht nicht trotzdem wunderschön aus? Bei Deinen Eltern und Geschwistern und deren Kindern wird die Bildqualität schon viel besser. Aber das tollste ist natürlich Dein Bild. Genauso frisch und lebendig, wie Du heute Deinen vielen Gratulanten gegenübersitzt. Und genau das ist es, was wir Dir noch viele Jahre wünschen: bleibe so gesund, munter und fröhlich wie Du bist. Liebe Oma, alles Liebe und Gute zu Deinem Geburtstag.

Ein Enkel gratuliert seiner Großmutter zum fünfundsiebzigsten Geburtstag

Liebe Omi,
Ihr Lieben,
heute wird unsere Omi fünfundsiebzig Jahre alt. Die gesamte Familie – einschließlich aller sieben Enkelinnen und Enkel –, die große Verwandtschaft, alle Freunde und die Nachbarn gratulieren von Herzen zu diesem tollen Jubiläum. Auch ein Vertreter der Gemeindeverwaltung ist gekommen, um dem langjährigen verdienten Ratsmitglied Glückwünsche zu überbringen. Wir haben uns darauf geeinigt, daß nur eine Rede gehalten wird, und so ist mir – als dem ältesten Enkel – die ehrenvolle Aufgabe zugefallen, möglichst kurz möglichst alles zu sagen, was man an einem so großen Feiertag sagen möchte. Ich will gar nicht erst versuchen, alle bemerkenswerten Stationen und Ereignisse in Omis Leben nachzuzeichnen. Denn alle, die Omi kennen, wissen,

daß man ein Dreivierteljahrhundert eines bewegten, engagierten Lebens nicht in einer kurzen Ansprache zusammenfassen kann: Zuviel Berichtenswertes, zuviel Wichtiges bliebe unerwähnt. Und so möchte ich es dann beispielhaft an zwei Ereignissen darzustellen versuchen, die uns Jüngere an diesem bemerkenswerten Leben besonders beeindrucken. Da ist zunächst der jahrelange ehrenamtliche Einsatz in der Gemeindevertretung. Omi gehört zu den ganz wenigen Frauen in unserer Gemeinde, die sich kurz nach Kriegsende in der Kommunalpolitik engagierten und trotz der Doppelbelastung durch Familie und Beruf den Rest der verbliebenen Zeit geopfert haben, um mit ihrem Können, Wissen und Einsatz einen Beitrag zum Aufbau und zur Stabilisierung der noch jungen Demokratie zu leisten. Ich habe mir sagen lassen, daß Omis streitbare Beiträge im Gemeinderat nicht immer den Beifall der männlichen Mehrheit fanden. Manche haben aber auch gemeint, eigentlich sei Omi der einzige »Mann« im ganzen Gemeinderat. Wie dem auch sei – das große Ansehen und der Respekt, den unsere Omi sich in diesem Einsatz erwarb, führten vor fünf Jahren dazu, daß der Gemeinderat – quer durch alle Gruppen und Fraktionen – ihr den Ehrentitel einer Gemeindeältesten verlieh. Für ihre Kinder und für uns Enkel ist Omis Engagement für ihre Mitbürger ehrenvolle Verpflichtung und Ansporn zugleich gewesen.

Das zweite, liebe Omi, womit Du uns alle überzeugt hast, ist Deine Fähigkeit, auf Menschen zuzugehen und ihnen zuzuhören. Ich weiß aus eigenem Erleben, daß manches Problem schon gelöst war, nachdem wir es Dir erzählt hatten und Du uns – manchmal fast unmerklich – auf die Lösung zugeführt hattest. So bist Du bis heute für alle, die Dir nahestehen, ein gesuchter, ja geliebter Gesprächspartner, dessen Gefühl, Erfahrung und Rat willkommener Bestandteil der eigenen Entscheidungsfindung geworden und geblieben sind.

Liebe Omi, Du kannst heute auf fünfundsiebzig Jahre eines erlebnisreichen und erfüllten Lebens zurückblicken. Wir gratulieren Dir von ganzem Herzen und hoffen, daß wir noch eine lange, gute Zeit zusammen verbringen dürfen. Die Dir heute Glück und Segen wünschen – ob jung oder alt –, sind stolz darauf, zu Deiner Familie und zu Deinen Freunden zu zählen.

Einen schöneren Glückwunsch, denke ich, dürfte es kaum geben. Laßt uns alle unser Glas erheben auf das Wohl unserer lieben Omi Lene! Prosit!

Ein Nachbar spricht zum siebzigsten Geburtstag

Mein lieber Willi,
liebe Freunde, Nachbarn und Gäste,
wir gratulieren unserem guten Freund und Nachbarn Willi Schlumpf zum siebzigsten Geburtstag auf das allerherzlichste. Alle sind wir hier zu Deinem Ehrentag versammelt und

wollen ihn mit Dir auch gebührend feiern. Siebzig Jahre, das ist ein stolzes Alter. Wie heißt es im 90. Psalm:

»Unser Leben währet siebzig Jahre,
und wenn's hoch kommt,
so sind's achtzig Jahre,
und wenn's köstlich gewesen ist,
so ist es Mühe und Arbeit gewesen,
denn es fähret schnell dahin,
als flögen wir davon ...«

An Müh' und Arbeit hat es in Deinem Leben wirklich nicht gemangelt, und so muß es wohl köstlich gewesen sein. Köstlich, weil Du Dich so viele lange Jahrzehnte mit großem Einsatz immer um die Sorgen und Nöte Deiner Familie, Deiner Freunde und Nachbarn gekümmert hast. Und sie konnten es auch über eine solch lange Zeit durch Dank und Zuneigung wieder ein wenig zurückerstatten. Köstlich, weil es Dir geglückt ist, in einem ruhigen und friedlichen Lebensabend ein wenig die Früchte eines langen und harten Berufslebens zu genießen. Aber auch schnell fährt es dahin. Zumindest immer dann, wenn man nicht im Alltagstrott versinkt und die Augen zukneift vor allem Neuen und Unbekannten. Uns Älteren, die wir aus der ruhigeren Distanz eines langen Lebens zurückschauen können, fällt es sicher leichter als den Jüngeren, den tiefen Sinn dieses Psalmwortes zu begreifen. Denn es ist kein Widerspruch, daß ein mühevolles und arbeitsreiches Leben auch köstlich und kurzweilig sein kann; lebt man es doch bewußter und trotz aller Anstrengungen und Probleme auch glücklicher. Jede überwundene Schwierigkeit, jedes weggeräumte Hindernis stellt einen Erfolg dar, der einen über die vielen kleinen und großen Niederlagen hinwegtröstet und der Mut macht für neue Auseinandersetzungen. Immer ging es auf und ab, aber es war auch nie langweilig. Es war schon eine stürmische Zeit, der Krieg, die Zeit des Wiederaufbaus, die Zeit des wachsenden Wohlstands, und dann die unruhigen Jahre, in denen sich eine nachwachsende Generation gegen die tatsächliche oder auch vermeintliche Selbstzufriedenheit und Kritiklosigkeit ihrer Eltern und Großeltern erhob. Nein, einfach hatten wir es alle nicht, und langweilig ist es uns auch nie geworden, bis zum heutigen Tage nicht. Wir hatten eine gute Zeit oder, wie der Psalm sagt, eine köstliche. Und an sie wollen wir uns heute dankbar erinnern, lieber Willi, wenn wir alle noch so gesund und fröhlich zusammen Deinen siebzigsten Geburtstag feiern.

Aber über alle die Erinnerungen wollen wir doch die Zukunft nicht vergessen. Und für die, lieber Willi, wünschen Dir alle Freunde und Nachbarn auch weiterhin eine eiserne Gesundheit und daß Dir Dein unverwüstlicher Humor und Dein Elan erhalten bleibe, mit dem Du Deine Umgebung immer wieder auf Trab zu bringen verstehst. Dies alles hat Dich jung gehalten, siebzig Jahre jung.

Wir erheben unser Glas und trinken ganz besonders auf Dein Wohl: Prosit, lieber Willi, prosit, liebe Freunde – auf die vielen guten Jahre, die noch kommen werden!

Gratulation zum achtzigsten Geburtstag durch einen Nachbarn

Sehr verehrter, lieber Herr Hintermeyer,
Sie feiern heute Ihren achtzigsten Geburtstag im Kreise Ihrer Familie, Freunde und Nachbarn. Dieses Jubiläum ist schon selten genug. Noch bemerkenswerter ist die Art und Weise, wie Sie diesen Ehrentag begehen. Wer Sie nicht kennt, wird nie und nimmer glauben, daß Sie das achte Lebensjahrzehnt vollendet haben und mit beneidenswerter Frische und Aktivität das neunte in Angriff nehmen. Ich weiß, daß viele Menschen Angst vor dem Älterwerden haben – Angst davor, zum alten Eisen zu gehören, Kontakte zu verlieren, isoliert zu sein. Daß das alles nicht zwingend sein muß, daß Älterwerden keine Last sein muß, sondern im Gegenteil Zufriedenheit, Freude und Zuversicht bis ins hohe Alter bedeuten kann, wenn man mit sich und seiner Umwelt im reinen lebt, dafür sind Sie, lieber Herr Hintermeyer, uns immer das beste Vorbild gewesen. Sie haben sich nicht abgekapselt, haben Ihre Umgebung auch außerhalb der engereren Familie in Ihr Leben einbezogen. Und wahrscheinlich ist dieses über die vielen langen Jahre bewährte Miteinander und Füreinander das Geheimnis, wie man eine Gemein-

schaft von Familie, Freunden und Nachbarn quer durch alle Altersstufen zusammenhalten kann. Wir feiern Sie, lieber Herr Hintermeyer, heute als den unbestrittenen Mittelpunkt dieser Gemeinschaft, und wir möchten Ihnen Dank sagen für viele schöne Jahre guter, verläßlicher Partnerschaft und Freundschaft. An solchen Ehrentagen wird gern und viel geredet, vor allem von früher. Eine alte Volksweisheit meint, wenn man anfange, von den guten alten Zeiten zu reden, wie schön und vor allem wie viel besser alles damals war, dann werde man unweigerlich alt. Da ist bestimmt etwas Wahres dran. Nur wer sich in der Gegenwart nicht wohlfühlt und Angst hat vor der Zukunft, zieht sich in die Vergangenheit zurück. Und dazu besteht ja weiß Gott sowohl für Sie als auch für uns an Ihrem heutigen Ehrentag kein Anlaß. Wir alle feiern heute mit Ihnen ein stolzes Jubiläum. Zusammen mit Ihnen schauen wir mit Optimismus in die Zukunft. Möge sie Ihnen, lieber Herr Hintermeyer, und uns ein wenig Glück bereithalten, Gesundheit und Zufriedenheit! Möge es uns allen gelingen, unsere Gemeinschaft zu pflegen und die Kontakte lebendig zu erhalten!

Mit diesem Toast wollen wir unser Glas erheben. Unserem Jubilar, unserem verehrten Herrn Hintermeyer, von ganzem Herzen ein dreifaches kräftiges Hoch, Hoch, Hoch! Prosit!

Reden zu offiziellen Geburtstagen

Mitarbeiter gratulieren der Chefin

Sehr geehrte Frau Direktorin Dr. Müller,
im Namen der gesamten Belegschaft darf ich Ihnen heute die besten Wünsche zu Ihrem Geburtstag übermitteln und als kleine Aufmerksamkeit dieses Bukett überreichen. Es soll Sie wenigstens für einige Augenblicke daran erinnern, daß heute kein üblicher Arbeitstag ist, sondern einer, an dem die täglichen Termine und Pflichten einmal gegenüber Angenehmerem zurückstehen sollen. Da wir wissen, daß Sie diesen Tag am liebsten im kleinen, privaten Kreise verbringen, möchten wir Sie auch nicht sehr lange davon abhalten. Nehmen Sie daher bitte diesen Blumengruß von uns allen entgegen, verbunden mit den besten Wünschen für Sie zum heutigen Geburtstagsfest. Wir wünschen Ihnen für das neue Lebensjahr Glück, Gesundheit und Erfolg. Wir wünschen Ihnen auch weniger Hektik als im abgelaufenen Jahr und dafür mehr Zeit zur Muße und Regeneration. Und schließlich wünschen wir Ihnen einen vergnügten Tag im Kreise ihrer Familie und Freunde. Noch einmal: herzlichen Glückwunsch von uns allen!

Sehr verehrter, lieber Herr Hansen,
alle Kolleginnen und Kollegen gratulieren Ihnen herzlich zu Ihrem heutigen Geburtstag. Zwar wollen alle Ihnen selbst die Hand schütteln, das versteht sich ja von selbst. Reden aber soll am besten nur einer, haben wir uns gedacht. Sonst bliebe ja keine Zeit mehr für die angenehmen Seiten eines solchen Geburtstages: ich meine natürlich den traditionellen Umtrunk. Aber für ein paar Worte soll die Zeit schon reichen.

Sie, lieber Herr Hansen, feiern heute ihren 48. Geburtstag. Das ist ein gutes Alter, manche sagen, das sei die produktivste Zeit in einem Berufsleben. Wahrscheinlich deshalb, weil man noch jung genug ist, um innovativ und kreativ zu sein und schon alt genug, um sich dabei nicht durch Alltagsroutine behindern zu lassen. Wahrscheinlich hat man auch inzwischen gelernt, sich seine Zeit besser einzuteilen und damit auch seine Kräfte. Gerade in unserer Branche ist das ja lebenswichtig, wenn uns nichts mehr einfällt, sind wir raus aus dem Geschäft. Und deshalb kommt es bei uns besonders auf erfolgreiches Teamwork an, was voraussetzt, daß keine Zeit vertan wird mit überflüssigen Regularien und brotlosem Bürokratismus. Sie haben es in den Jahren unserer Zusammenarbeit verstanden, das Team zu motivieren und zu inspirieren. Daß darüber hinaus auch die menschlichen Kontakte nicht zu kurz gekommen sind, beweist –

glaube ich – am besten wohl die Tatsache, daß bei uns Geburtstage nicht als betriebliche Pflichtübung absolviert, sondern gemeinsam gefeiert werden. Heute nun sind Sie an der Reihe. Ihr Team gratuliert Ihnen herzlich zum 48. Geburtstag. Wir wünschen Ihnen und uns weiterhin eine erfolgreiche Zusammenarbeit, immer gute Einfälle und zündende Ideen für ein sattes Auftragspolster und – last but not least – dieses gute Klima, ohne das alles andere wahrscheinlich gar nicht mehr so gut gedeiht. Als Geburtstagsgeschenk überreichen wir Ihnen diesen alten Stich einer Segelpartie auf der Alster. Er soll einen guten Platz in Ihrem Büro erhalten, damit Sie über aller Arbeit doch wenigstens hin und wieder an Ihr Hobby und die Freizeit erinnert werden.

Herzlichen Glückwunsch von uns allen!

Der Chef gratuliert einer Mitarbeiterin

Liebe Frau Schott,
zu Ihrem heutigen Geburtstag darf ich Ihnen zugleich im Namen aller Kolleginnen und Kollegen meine herzlichen Glückwünsche aussprechen und Ihnen diesen Strauß überreichen. Das ist in dieser Abteilung ein schöner, alter Brauch.

Sie sind gewissermaßen unser Nesthäkchen, weil Sie erst seit vier Monaten hier tätig und damit noch in der Probezeit sind. Nun ist eine Probezeit ja durchaus eine beiderseitige Angelegenheit. Nicht nur wir versuchen zu erfahren, ob Sie unseren Vorstellungen gerecht werden. Auch Sie sollen natürlich prüfen, ob wir Ihren Erwartungen entsprechen. Das gilt selbstverständlich nicht nur für den betrieblichen Alltag, sondern auch für das gemeinsame Feiern. Und dazu gehört bei uns immer der Geburtstag. An diesem Tag wollen alle Kolleginnen und Kollegen Glück, Erfolg und Gesundheit wünschen für das neue Lebensjahr, und sie wollen sich bedanken für die harmonische Zusammenarbeit in der Vergangenheit. Verbunden mit diesem Dank ist der Wunsch, daß sich die Zusammenarbeit auch im neuen Jahr ähnlich angenehm und kollegial gestalten möge. Der Nachmittag gehört bei uns traditionsgemäß dem Geburtstagskind, seiner Familie und seinen Freunden. Das heißt, dieser halbe freie Tag ist das Geburtstagsgeschenk des Betriebes an seine Mitarbeiter, und ich hoffe, daß Sie das bei der Bilanz Ihrer Erwartungen aus der Probezeit auf der Habenseite verbuchen werden. Ich darf Ihnen, liebe Frau Schott, von Herzen zum Geburtstag gratulieren, Sie besonders an diesem Tag noch einmal in unserer Gemeinschaft willkommen heißen und Ihnen viel Freude an Ihrem heutigen Geburtstag wünschen.

Der Chef gratuliert einem Mitarbeiter

Lieber Herr Müller,
liebe Mitarbeiterinnen und Mitarbeiter,
Sie alle wissen, daß es guter Brauch ist in der Firma Koch, über all der täglichen Arbeit mit

ihrem Ärger und Streß die wichtigen Gedenk- und Feiertage nicht zu vergessen. Zu den wichtigen Tagen gehören auch die Geburtstage. Und wenn es sogar dann noch ein runder ist, wie der fünfzigste bei unserem Herrn Müller, dann gibt es gleich mehrfach Grund zum Feiern. Lieber Herr Müller, zu Ihrem fünfzigsten Geburtstag, zum vollendeten halben Jahrhundert, wünschen wir alle, die Betriebsleitung und alle Kolleginnen und Kollegen, Ihnen von ganzem Herzen Glück und Segen, vor allem aber Gesundheit für die Zukunft. Nun will ich in meinem heutigen Geburtstagsglückwunsch nicht alles vorwegnehmen, was in zwei Jahren bei Ihrem dann fünfundzwanzigsten Betriebsjubiläum gesagt werden kann und soll. Aber zwei Dinge will ich doch hervorheben: Auch wenn man schon lange zum Inventar gehört, gehört man noch lange nicht auch zum alten Eisen. Und zum Zweiten: Wer bei aller Belastung und Hektik im Betrieb nie die Nerven verliert, immer Rat weiß und mit trockenem Witz und Humor oft auch die brenzligsten Situationen rettet, hilft den Alten und Jungen im Betrieb. Den Alten hilft es, nicht zu vergessen, wie man es eigentlich richtig macht, und den Jungen zeigt es, wie man es gar nicht erst falsch macht. Kurzum, lieber Herr Müller, wir alle wissen, daß wir an Ihnen immer einen verläßlichen Mitstreiter und Partner hatten und wir hoffen, daß wir diesen Partner in der gleichen alten Frische wie bisher noch lange haben werden.

Heute, an Ihrem fünfzigsten Geburtstag, wollen wir Ihnen für die hinter uns liegende, gute gemeinsame Zeit danken und Ihnen gleichzeitig alles Gute wünschen für die noch vor uns liegende. Die Firmenleitung überreicht Ihnen einen Bildband von Ihrem geliebten Taunus. Vielleicht inspiriert Sie die eine oder andere Aufnahme von einem noch unbekannten Winkel zu einem erholsamen Ausflug. Und um die Planung einer solchen Unternehmung ein wenig zu erleichtern, haben wir in diesem Umschlag einen Geldbetrag beigefügt. Beides soll Sie an Ihren fünfzigsten Geburtstag erinnern und an uns alle, die noch einmal herzlich gratulieren.

Ein Kollege gratuliert zum vierzigsten Geburtstag einer Kollegin

Liebe Annegret,
Deine Mitarbeiter aus der Redaktion wünschen Dir zu Deinem vierzigsten Geburtstag Glück, Gesundheit und Erfolg und – wie wir alle hoffen – noch viele gute Jahre harmonischer und produktiver Zusammenarbeit im Team. »Team« soll auch das Stichwort meiner kurzen Gratulationsrede sein. Stimmung und Erfolg im Team hängen davon ab, daß alle über der eigenen Tagesarbeit das gemeinsame Ziel nicht aus den Augen verlieren. Das ist gar nicht so einfach, wie es sich immer anhört. Denn es bedeutet Mitdenken auch über die eigene Kompetenz und Zuständigkeit hinaus.

Es bedeutet Abschied von liebgewordenen Gewohnheiten und Bequemlichkeiten, verfestigten Rollenverteilungen, eingefleischten Denk- und Ablaufschemata. Eine solche Teamarbeit muß erst einmal erlernt und ständig verteidigt werden gegen Gleichgültigkeit, gegen Routine, gegen Egoismen. Jeder im Team muß daran mitwirken, in seinem eigentlichen Arbeitsfeld, aber auch darüber hinaus. Natürlich wissen alle schon längst, auf was ich hinaus will. Unsere Annegret vertritt in unserem Team die Fraueninteressen mit Vehemenz. Längst bevor Parteien und Regierungen Frauenbeauftragte ernannten, Kandidatenlisten frauenfreundlich nachbesserten und Wahlprogramme »entmannten«, hat Annegret das Team in der täglichen Arbeit immer wieder darauf gestoßen, wo nicht nur fachlich, sondern gewissermaßen schon rein umgangssprachlich der Gleichberechtigungsgrundsatz verletzt wurde. Annegret hat es verstanden, Sensibilität dafür zu wecken, daß sich gerade in der Sprache besonders verräterich geschlechterspezifische Rollenfixierungen niederschlagen und damit althergebrachte Auffassungen und Gewohnheiten weiter verfestigt werden. Ich will ja heute gar nicht verhehlen, liebe Annegret, daß wir uns am Anfang alle ein wenig amüsiert haben. Dann gab es einen Zeitpunkt, zu dem uns die ständige Anmahnerei schlicht auf die Nerven ging – vielleicht hat da schon ein wenig das schlechte Gewissen gewirkt. Heute ist es eigentlich für alle im Team selbstverständlich, daß jeder Beitrag daraufhin untersucht wird, ob und – wenn ja – wo sich die alten Klischees wieder einmal eingeschlichen haben: Das fängt beim Kochbuch an und geht über die technischen Ratgeber bis hin zum Redebuch. Dies ist in erster Linie Dein Erfolg, liebe Annegret. In dieser ganz wesentlichen Frage hast Du das Team geformt und dazu beigetragen, zumindest in einem Teilbereich einen alten männlichen Zopf abzuschneiden. Und wenn ich die vielen Jahre nichts dazu gelernt hätte, würde ich jetzt sagen, daß das ganze Team in dieser Frage in »mann«-schaftlicher Geschlossenheit hinter Dir steht und daß wir alle hinter Deiner Auffassung »wie ein Mann« stehen.

Heute gratulieren wir der streitbaren Kollegin zum Geburtstag und hoffen, daß Engagement und Überzeugungskraft Dir – und uns – auch im kommenden Lebensjahr erhalten bleiben. Noch einmal: im Namen der ganzen Redaktion alles Gute und Prosit, auf Dein Wohl!

Eine Betriebsrätin gratuliert einer Kollegin zum sechzigsten Geburtstag

Liebe Hedwig,
liebe Kollegen, liebe Kolleginnen,
im Namen des Betriebsrates und stellvertretend für alle Kollegen und Kolleginnen darf ich unserer lieben Hedwig Wagenbach zum heutigen sechzigsten Geburtstag unsere herzlichsten Glückwünsche aussprechen und diesen Blumenstrauß überreichen. Hedwig

Wagenbach wird heute nicht nur sechzig Jahre alt, sondern wird mit Ablauf dieses Monats auch in den wohlverdienten Ruhestand gehen können. Dazwischen liegen noch ein paar Tage Resturlaub, so daß wir heute in dieser kleinen Feierstunde gleich zwei gute Gründe zum Gratulieren haben: ein runder Geburtstag und gleichzeitig der Abschied von einem langen Arbeitsleben. Hedwig Wagenbach verkörpert ein Arbeitnehmerschicksal, das so wenig spektakulär erscheint und doch so typisch ist für eine ganze Generation in unserem Land – ein Schicksal, das sich nicht eignet als Gegenstand für große öffentliche Auftritte und Feiern. Hedwig Wagenbach gehört zu den Menschen, die sich ein ganzes Leben abmühen mußten, im Rahmen der Möglichkeiten, die andere ihnen ließen, für sich selbst und die, die ihnen nahestehen, zu arbeiten und zu sorgen. Kein leichtes Leben, aber auch kein Grund, mit weniger Stolz und Zufriedenheit auf das Geleistete zurückzuschauen! Hedwig Wagenbach mußte – wie viele andere auch – direkt nach der Schule durch eigene Arbeit ihren Beitrag zum Familieneinkommen leisten. So kam sie als Fünfzehnjährige schon in unseren Betrieb. Damals während der harten und schweren Nachkriegsjahre gab es für die anstrengenden Tag- und Nachtschichten nur wenig Lohn. Mit 21 wurde dann geheiratet; zwei Kinder kamen. Ein paar Jahre ruhte der Beruf, bis die Kinder ein wenig älter waren. Zunächst halbtags, ab 1964 dann ganztags arbeitete Hedwig Wagenbach wieder hier im Betrieb. Wir, die wir alle die vielen Jahre zusammengearbeitet haben, fühlen am heutigen Tage mit unserer Kollegin. Ein wenig Aufatmen, daß es endlich geschafft ist, der täglichen Berufsbelastung zu entgehen. Ein wenig Wehmut vielleicht, daß der vertraute Kollegenkreis etwas weiter wegrückt. Ganz sicher aber auch ein wenig Unruhe und Nervosität, ob es denn nicht vielleicht schwerer wird, sich im neuen Zeit- und Lebensabschnitt zurechtzufinden. Hedwig Wagenbach ist eine von uns und wird es bleiben.

Wir alle wünschen ihr von ganzem Herzen zum heutigen Geburtstag viel Glück und für die folgenden Jahre im Ruhestand Gesundheit, Zufriedenheit und niemals Langeweile. Wir wünschen Dir, liebe Hedwig, noch viele Jahre mit Deiner Familie als eine kleine Entschädigung für ein mühevolles, hartes Berufsleben. Und vor allem – vergiß Deine alten Kollegen nicht!

Eine Firma feiert den fünfundzwanzigsten Geburtstag

Verehrte Ehrengäste,
liebe Mitarbeiterinnen und Mitarbeiter,
meine sehr geehrten Damen und Herren,
es ist ein Gefühl von Freude und Stolz, das mich am heutigen Tage bewegt: Unsere Gesellschaft feiert ihr 25jähriges Bestehen. Ich heiße Sie alle recht herzlich zu diesem Jubiläum willkommen.

Unsere Firma ist ein echtes »Kind der 68er«. In jenem denkwürdigen Jahr gegründet, als in Deutschland junge Leute reihenweise auf die Straßen gingen, um gegen das Establishment zu protestieren und den »Mief von tausend Jahren aus den Talaren« zu blasen, in jenen revolutionären Zeiten also legten wir den Grundstein für dieses Unternehmen.

Es war ein gewagter Schritt. Zwar befand sich die Wirtschaft im Westen Deutschlands noch auf prosperierendem Kurs, doch waren die Märkte schon gut besetzt mit Unternehmen, die sich wie wir auf Herstellung und Vertrieb von Reinigungsmitteln konzentrierten. Wir waren gleichwohl der Überzeugung, bestehen zu können, weil wir sicher davon ausgingen, daß sich Qualität auch in einem dicht besetzten Markt würde durchsetzten können.

Meine sehr geehrten Damen und Herren: Das heutige 25. Jubiläum ist der eindrucksvolle Beweis für die Richtigkeit unserer Annahme. Seit einem viertel Jahrhundert produzieren wir Qualitätserzeugnisse, die marktführend sind im hochpreisigen Marktsegment.

Dieser Erfolg kommt nicht von ungefähr! In Anlehnung an die bewegten 68er Jahre möchte ich Ihnen sagen, daß es ein »revolutionäres« Produkt war und ist, mit dem wir den Markt gewinnen konnten. Hergestellt von qualifizierten Mitarbeiterinnen und Mitarbeitern, vertrieben von erfolgreichen Außendienstmitarbeitern und an den Mann und die Frau gebracht dank fairer Partner im Großhandel wie im Einzelhandel, können wir heute zufrieden feststellen, daß unsere Gesellschaft sicher im Markt verankert ist.

Trotz dieser Erfolge dürfen wir uns keineswegs zufrieden und satt zurücklehnen. Der Markt ist deutlich rauher geworden, insbesondere in Zeiten konjunktureller Schwäche. Auch wir müssen weiter hart arbeiten, um unsere Erfolge zu konsolidieren und neue Kunden zu gewinnen.

Wenn mir in dieser Feierstunde gleichwohl nicht bange ist um die Zukunft der Firma, dann deshalb, weil ich weiß, daß wir in Ihnen allen, die Sie heute zur Jubiläumsfeier gekommen sind, Freunde, Partner und Mitarbeiter haben, auf die wir zählen können.

Ich freue mich daher, sie alle beim 25. Jubiläum unserer Gesellschaft willkommen heißen zu können, sage ihnen Dank für die zurückliegenden Jahre der Gemeinsamkeit und gebe zugleich der Hoffnung Ausdruck, daß wir auch in den vor uns liegenden Jahren weiterhin so erfolgreich und partnerschaftlich zusammenarbeiten werden.

Ich darf Sie nun einladen, in froher Runde unsere Gäste zu sein. Das Büfett ist hiermit eröffnet!

Eine Gemeinde wird fünfhundert Jahre alt

Sehr geehrter Herr Landrat,
liebe Mitbürgerinnen und Mitbürger,
wir feiern heute das 500jährige Bestehen unseres Städtchens. Das heißt, wahrscheinlich reicht unsere Geschichte ja noch viel weiter zurück. Aber trotz aller Vermutungen und mehr oder minder verdeckten Hinweisen gibt es halt keine gesicherten urkundlichen Eintragungen. Deshalb gilt die Eintragung des Weilers Rohrbach in die Schenkungsurkunde des Klosters Fischbach als Geburtsstunde unserer Gemeinde. Vielleicht gelingt es eines Tages dem Chronisten Zufall nachzuweisen, daß wir heute gewissermaßen mit unserem Alter kokettiert, daß wir – wer weiß – vielleicht ein paar Jahrzehnte oder gar Jahrhunderte unseres Alters einfach unterschlagen haben.

Aber bis dahin zählen wir wie gewohnt weiter. Allein 500 Jahre in einem kurzen Vortrag nachzuzeichnen, ist ganz und gar unmöglich. Wer Interesse hat, darüber nachzulesen, kann es in unserer Festchronik tun, die unser Lehrer, Herr Wulf Schmidt, in dankenswerter Weise zusammengetragen hat. Es ist ganz gewiß eine lohnende und überdies spannende Lektüre.

Gewiß geht es uns heute sehr viel besser als den Menschen der vergangenen Jahrhunderte. Sind wir aber deshalb glücklicher, zufriedener, freier, unabhängiger? Gibt es heute für den einzelnen weniger Probleme und Belastungen als früher oder sind es nur andere Probleme, die aber nicht weniger gespürt oder geringer empfunden werden. Die Angst vor innerer und äußerer Bedrohung und Gefahr ist geblieben, die Sorge zum Beispiel um den Arbeitsplatz, um das Schicksal geliebter und vertrauter Menschen. Heute sind es nicht mehr die fremden Heere vor der Stadt oder die ausbeuterischen kleinen und großen Herrscher und Fürsten, die Seuchen und Naturkatastrophen, die den Menschen ängstigen. Dafür geht es heute um eine saubere Umwelt, genießbares Wasser, Lebensmittel und eine Luft, die sich noch atmen läßt. Es geht um sterbende Flüsse, Seen, Wälder, um Tiere und Pflanzen, die keinen natürlichen Lebensraum mehr finden. Unsere Vorfahren konnten viele der drohenden Gefahren noch sehen, hören, riechen und fühlen. Die uns heute bedrohenden Gefahren sind oft unsichtbar, lautlos und ohne Geruch. Aber ihre Auswirkungen kommen genauso unmittelbar, unwiderruflich, grausam und manchmal unausweichlich. Viele der früheren Gefahren haben die Menschen damals gemeistert, weil sie zusammenstanden und gemeinsam dagegen ankämpften. Viele der heutigen Gefahren sind erst dadurch entstanden, daß Wohlstand und Fortschritt die Menschen in die Isolation trieben. Viele müssen erst wieder lernen, miteinander zu reden und sich gegenseitig zu helfen.

Vielleicht kann ein solches Jubiläum ein wenig dazu beitragen, den Geist der Gemeinsamkeit wiederherzustellen. Eine solch lange Tradition einer kleinen Gemeinde wäre nicht möglich gewesen, wenn ihre Bürger nicht Gemeinsinn vor Eigennutz gestellt hätten, vor allem dann, wenn Gefahr für das Gemeinwohl drohte.

Wer die Augen nicht verschließen will vor den Problemen unserer Tage, sollte wissen, daß es an der Zeit ist, sich dieser alten Tugenden wieder zu erinnern. Nur dann wird es uns gelingen, wieder jene Freiräume zu schaffen, die nachfolgende Generationen selbstverantwortlich ausfüllen können. Diese Verpflichtung haben uns unsere Vorfahren in fünf Jahrhunderten vorgelebt und auferlegt. Wir wollen und dürfen uns ihr nicht entziehen.

NÜTZLICHE RATGEBER

EINE AUSWAHL

Stand: Frühjahr 1994

Hobby und Freizeit

Falken-Handbuch
Zeichnen und Malen
(**4167**-5) Von B. Bagnall, 336 S., 1154 Farbzeichnungen, Pappband. ●●●●●

Kreativ Zeichnen
(**4688**-X) Von B. Bagnall, 176 S., zahlr. Farbabb., Pappband. ●●●●

Punkt, Punkt, Komma, Strich
Zeichnen leicht gemacht
(**4721**-5) Von H. Witzig, 144 S., 512 s/w-Zeichnungen, Pappband. ●●

Punkt, Punkt, Komma, Strich
Zeichenstunde für Kinder
(**0564**-4) Von H. Witzig, 144 S., über 250 Zeichnungen, kart. ●

Einmal grad und einmal krumm
Zeichenstunde für Kinder
(**0599**-7) Von H. Witzig, 144 S., 363 Abb., kartoniert. ●

Figürliches Zeichnen
leicht gemacht
(**1010**-9) Von H. Witzig, 112 S., 462 Figuren, kartoniert. ●

Airbrush
Kreatives Gestalten mit dem Luftpinsel
(**1133**-4) Von C. M. Mette, 80 S., 145 Farbfotos, 40 Farbzeichnungen, kartoniert. ●●

Kalligraphie
Die Kunst des schönen Schreibens
(**4263**-9) Von C. Hartmann, 120 S., 44 Farbvorlagen, 29 s/w-Vorlagen, 2 s/w-Zeichnungen, 38 Farbfotos, Pappband. ●●●●

Gestalten mit Schrift
Kalligraphie
(**1044**-3) Von I. Schade, 80 S., 2 Farb- und 1 s/w-Foto, 143 Farbzeichnungen, kart. ●●

Hobby Aquarellmalen
Landschaft und Stilleben
(**0876**-7) Von I. Schade, A. Brück, 80 S., 111 Farbabb., kart. ●●

Technik · Gestaltung · Ausdruck
Aquarellmalerei
Von der Realität zum Bild
(**4529**-8) Von Prof. W. Wrisch, 136 Seiten, 172 farb. Abbildungen, 5 s/w-Abbildungen, 46 Zeichnungen, Pappband. ●●●●

Hobby Ölmalerei
Landschaft und Stilleben
(**0875**-9) Von H. Kämper, I. Becker, 80 S., 93 Farbabb., kart. ●●

FALKEN
Lexikon der Seidenmalerei
Mit großer Farbmischtabelle
(**4737**-1) Von K. Huber, 208 S., 192 Farbfotos, Pappband. ●●●●

Seidenmalerei in Vollendung
(**4414**-3) Hrsg. von R. Smend, 160 S., 227 Farbfotos, 36 s/w-Fotos, geprägter Leineneinband mit Schutzumschlag, im Schuber. ●●●●●

Seidenmalerei
Westen · Blusen · Hosen
(**1455**-4) Von C. Köhl, ca. 64 Seiten, durchgehend vierfarbig, zahlreiche Abbildungen, mit Vorlagebogen, kartoniert. ●●

Seidenmalerei und Modedesign
Modelle · Techniken · Schnittmuster
(**4476**-3) Von B. Hansen, 176 S., 140 Farbf.93 Farb-, 68 s/w-Zeichn., Pappband. ●●●●

Seidenmalerei Exklusive Tücher
(**1303**-5) Von E. Schwinge, 80 S., 79 Farbfotos, 6 Zeichnungen, kart. ●●

Kreative Seidenmalerei
Motive · Muster · Farbenspiel
(**4720**-7) Von M. Neubacher-Fesser, ca. 136 S., zahlr. Farbabb., Pappband. ●●●●

Seidenmalerei
Muster über Muster
20 Künstlerinnen präsentieren 120 Ideen
(**4744**-4) 128 S., 188 Farbabbildungen, Pappband. ●●●●

Seidenmalerei
Die wichtigsten Techniken Schritt für Schritt
(**1357**-4) Von B. Hansen, 64 S., 97 Farbfotos, kartoniert. ●●

Seidenmalerei als Kunst und Hobby
(**4264**-7) Von S. Hahn, 136 S., 256 Farbfotos, 1 s/w-Foto, Pappband. ●●●●

Neue zauberhafte Seidenmalerei
Motive und Anregungen aus der Natur
(**0924**-0) Von R. Henge, 80 S., 148 Farbfotos, 27 s/w-Zeichnungen, kart. ●●

Krawatten, Tücher und Fliegen individuell gestalten
Seidenmalerei
(**1242**-X) Von A. Reichmann, 64 S., durchgehend vierfarbig, kart. ●●

Aquarellieren auf Seide
Materialien · Techniken · Motive
(**0917**-8) Von I. Demharter, 32 S., 41 Farbfotos, Pappband. ●

Airbrush auf Seide
(**1342**-6) Von I. Demharter, 64 S., zahlreiche Farbabbildungen, kart. ●●

Airbrush Seidenmalerei
Mit Vorlagen für Schablonen
(**1356**-6) Von C. M. Mette, 80 S., 129 Farbf., kartoniert. ●●●

Seidenmalerei Bäume und Blätter
(**5249**-9) Von D. Kosik, 32 S., 5 Farbfotos, 23 Farb- u. 13 s/w-Zeichungen, kart. ●

Seidenmalerei Landschaften
(**5153**-0) Von D. Kosik, 32 S., 50 Farbfotos, 12 Zeichnungen, mit Vorlagebogen in Originalgröße, kart. ●

Seidenmalerei Kissen
(**5151**-4) Von I. Demharter, 32 S., 42 Farbfotos, 2 Zeichnungen, mit Vorlagebogen in Originalgröße, kart. ●

Seidenmalerei Blusen und T-Shirts
(**5184**-0) Von A. Keller, 32 S., 28 Farbfotos, 12 Zeichnungen, mit Vorlagebogen in Originalgröße, kartoniert. ●

Seidenmalerei Tücher und Schals
(**5152**-2) Von R. Henge, 32 S., 36 Farbfotos, 1 Zeichnungen, mit Vorlagebogen in Originalgröße, kart. ●

Seidenmalerei Tiermotive
(**5204**-9) Von A. Keller, 32 S., 37 Farbfotos, mit Vorlagebogen in Originalgröße, kart. ●

Serti Designo
Seidenmalerei mit Kreidestiften
(**5208**-1) Von S. Tichy-Gibley, 32 S., 46 Farbfotos, mit Vorlagebogen in Originalgröße, kart. ●

Seidenmalerei Lampenschirme
(**5154**-9) Von I. Walter-Ammon, 32 S., 47 Farbfotos, 1 Zeichnung, mit Vorlagebogen in Originalgröße, kart. ●

Seidenmalerei Blüten, Blätter, Ranken
(**5165**-4) Von D. Kosik, 32 S., 35 Farbfotos, 4 Zeichnungen, mit Vorlagebogen in Originalgröße, kart. ●

Seidenmalerei Schmuckkarten und Miniaturbilder
(**5166**-2) Von I. Walter-Ammon, 32 S., 37 Farbfotos, 2 Zeichnungen, mit Vorlagebogen in Originalgröße, kart. ●

Akzente mit Perlen, Pailetten und Straß
Seidenmalerei
(**5248**-0) Von A. Keller, 32 S., ca. 50 Farbf., mit Vorlagebogen in Originalgröße, kart. ●

Seidenmalerei Bilder in Konturentechnik
(**5182**-4) Von I. Demharter, 32 S., 28 Farbfotos, 2 Zeichnungen, mit Vorlagebogen in Originalgröße, kart. ●

Seidenmalerei Applikationen
(**5224**-3) Von J. Bressau, 32 S., 50 Farbfotos, mit Vorlagebogen in Originalgröße, kart. ●

Apartes aus bemalter Seide
(**5274**-X) Von E. Möller, 48 Seiten, durchgehend vierfarbig, kartoniert. ●

Malen auf Seide
kinderleicht
(**5218**-9) Von R. Henge, 32 S., 11 Farbfotos, 44 Farbzeichn., Vorlagebogen, kartoniert. ●

Moderne Stoffmalerei
(**1358**-2) Von H. Sander, 64 S., 73 Farbf., 50 s/w-Zeichn., kart. ●●

Perfekt Stricken
Mit Sonderteil Häkeln.
(**4250**-7) Von H. Jaacks, 256 S., 703 Farbfotos, 169 Farb- und 121 s/w-Zeichnungen, Pappband. ●●●●

Das moderne Standardwerk
Nähen
(**4709**-6) Von S. von Rudzinski, 176 S., vierfarbig, Pappband. ●●●●

Stoffpuppen
nach alten Vorbildern
(**5281**-2) Von M. Meinesz, 48 S., durchgehend vierfarbig, mit Vorlagebogen, kart. ●

Heißgeliebte Teddys
Selbermachen · Sammeln · Restaurieren
(**0900**-3) Von H. Nadolny und Y. Thalheim, 80 Seiten, 118 Farbfotos, kartoniert. ●●●

Die hier vorgestellten Bücher, Videokassetten und Software sind in folgende Preisgruppen unterteilt:

● Preisgruppe bis DM 10,–/S 79,–/SFr 11,–
●● Preisgruppe über DM 10,– bis DM 20,– S 80,– bis S 160,– SFr 10,– bis SFr 21,–
●●● Preisgruppe über DM 20,– bis DM 30,– S 161,– bis S 240,– SFr 21,– bis SFr 30,–
●●●● Preisgruppe über DM 30,– bis DM 50,– S 241,– bis S 400,– SFr 30,– bis SFr 50,–
●●●●● Preisgruppe über DM 50,–/S 401,–/SFr 50,–
* (unverbindliche Preisempfehlung)

Die Preise entsprechen dem Status beim Druck dieses Verzeichnisses (s. Seite 1) – Änderungen, im besonderen der Preise, vorbehalten –

Falken-Verlag GmbH · Postfach 1120 FALKEN **D-65521 Niedernhausen/Ts. · Tel.: 0 61 27 / 70 20**

Marionetten
selbst bauen und führen
(**1043**-5) Von D. Köhnen, 80 S., 150 Farbfotos, mit Schnittmusterbogen, kartoniert. ●●

Hampelmänner
Basteln mit Kindern ab 5 Jahren
(**5240**-5) Von F. Michalski, 32 S., ca. 50 Farbabb., mit Vorlagebg. in Originalgröße, kart. ●

Künstlerpuppen
im 20. Jahrhundert
(**4719**-3) Hrsg. R. Höckh, 160 S., 192 Farbfotos, 26 s/w-Fotos, Pappband. ●●●●●

Charakterpuppen
aus Cernit und Porzellan selbst gestalten
(**1156**-3) Von S. Becker, 64 S., 143 Farbfotos, 30 Zeichnungen, 13 Vignetten, mit Schnittmusterbogen, kartoniert. ●●

Puppen zum Liebhaben
(**5199**-9) Von B. Wehrle, 32 S., 27 Farbfotos, 9 s/w-Zeichnungen, mit Vorlagebogen in Originalgröße, kartoniert. ●

Basteln mit Kindern
Moosgummi
(**5271**-5) Von A. und R. Schurr, 48 S., durchgehend vierfarbig, mit Vorlagebogen, kart. ●

Neue zauberhafte Salzteig-Ideen
(**0719**-1) Von I. Kiskalt, 80 S., 324 Farbfotos, 12 Zeichnungen, Schablonen, kart. ●●

Salzteig kinderleicht
(**0973**-9) Von I. Kiskalt, 80 S., 224 Farbfotos, 8 Zeichnungen, kartoniert. ●●

Hobby Salzteig
(**0662**-4) Von I. Kiskalt, 80 S., 150 Farbfotos, 5 Zeichnungen und Schablonen, kart. ●●

Kreatives gestalten mit Ton
Töpfern ohne Scheibe – Aufbaukeramik
(**0896**-1) Von A. Riedinger, 80 S., 207 Farbfotos, 16 Zeichnungen, 7 Vignetten, kart. ●●

Kreatives Gestalten mit Ton
Töpfern auf der Scheibe
(**0971**-2) Von A. Riedinger, 80 S., 28 Farb- und 3 s/w-Zeichnungen, 178 Farbf., kart. ●●

Kneten und Modellieren
kinderleicht
(**5217**-0) Von V. Ettelt, 32 S., 12 Farbtafeln, 72 Farbzeichnungen, Vorlagebogen, kart. ●

Hobby Glaskunst in Tiffany-Technik
(**0781**-7) Von N. Köppel, 80 S., 194 Farbfotos, 6 s/w-Abbildungen, kartoniert. ●●

Tiffany-Technik
und andere kunstvolle Arbeiten in Glas
(**0972**-0) Von D. Köhnen, 80 S., 176 Farbfotos, 5 s/w-Zeichnungen, kartoniert. ●●

Ikebana
Grundstile und Variationen
(**4749**-5) Von E. Schwalm, 112 Seiten, ca. 165 Farbfotos, 43 Grafiken, 2 Tabellen, gebunden. ●●●●

Dekorieren und Gestalten mit Naturmaterialien
rund ums Jahr
(**4748**-7) Von E. Dommershausen u.a., 128 S., ca. 200 Farbf. und -zeichnungen, geb. ●●●

Masken
phantasievoll dekorieren
(**5155**-7) Von Chr. Familler, 32 S., 48 Farbf., mit Vorlagebg. in Originalgröße, kart. ●

Laubsägearbeiten für das Kinderzimmer
(**5245**-6) Von H.-P. Krafft, 32 S., ca. 50 Farbf., mit Vorlagebg. in Originalgröße, kartoniert. ●

Schwingtiere aus Holz gestalten
(**5222**-7) Von der Arbeitsgem. Werken, 32 S., 50 Farbfotos, mit Vorlagebogen in Originalgröße, kartoniert. ●

FALKEN Video
Drachen
bauen und fliegen
(**6141**-2) VHS, ca. 45 Min., in Farbe, mit Broschüre. ●●●●*

Drachen
bauen und steigen lassen.
(**0767**-1) Von W. Schimmelpfennig, 80 Seiten, 1 dreiseitige Ausklapptafel, 55 Farbfotos, 139 Zeichnungen, kart. ●●●

Lenkdrachen
bauen und fliegen
(**1011**-7) Von W. Schimmelpfennig, 64 Seiten, 51 Farbf. und 126 Zeichnungen, kart. ●●

Neue Lenkdrachen und Einleiner
bauen und fliegen
(**1353**-1) Von W. Schimmelpfennig, 80 Seiten, 54 Farbf., 95 Farbzeichn., kart. ●●●

Drachen
Einfache Modelle für Kinder
(**5156**-5) Von W. Schimmelpfennig, 32 Seiten, 11 Farbfotos, 31 Zeichnungen, mit Vorlagebogen, kartoniert. ●

Basteln mit Kleinkindern
ab 3 Jahren
(**4747**-9) Von W. Kottke und I. Hübers-Kemink, 128 Seiten, über 200 Farbabbildungen, mit Vorlagebogen, gebunden. ●●●

Das goldene Bastelbuch für Kinder
(**4769**-X) Von U. Barff (Hrsg.), 336 Seiten, durchg. vierf., mit 2 Vorlagebogen, geb. ●●●

Basteln mit Kindern
Dinos & Drachen
(**5279**-0) Von G. Reinscheid, 48 Seiten, durchgehend vierfarbig, mit Vorlagebogen, kart. ●

Basteln mit Kindern
Fensterbilder Ritter und Burgen
(**5284**-7) Von D. Köhnen, 48 Seiten, durchgehend vierfarbig, mit Vorlagebogen, kart. ●

Das große farbige
Bastelbuch für Kinder
(**4254**-X) Von U. Barff, I. Burkhardt, J. Maier, 224 S., 157 Farbf., 430 Farb- und 60 s/w-Zeichn., m. Schnittmusterbg., Pappband. ●●●

Origami
Tiere aus aller Welt
(**5250**-2) Von J. Maier, 32 Seiten, 19 Farbfotos, 68 Farb- u. 16 s/w-Zeichnungen, kartoniert. ●

Hobby Origami
Papierfalten für groß und klein
(**0756**-6) Von Z. Aytüre-Scheele, 80 Seiten, 820 Farbfotos, kartoniert. ●●

Neue zauberhafte Origami-Ideen
Papierfalten für groß und klein
(**0805**-8) Von Z. Aytüre-Scheele, 80 Seiten, 720 Farbfotos, kartoniert. ●●

Zauberwelt Origami
Tierfiguren aus Papier
(**1045**-1) Von Z. Aytüre-Scheele, 80 Seiten, 660 Farbfotos, kartoniert. ●●

Kreatives Gestalten mit **Papiermaché**
(**5246**-4) Von B. Jetzek-Berkenhaus, 32 S., ca. 50 Farbfotos, mit Vorlagebogen in Originalgröße, kartoniert. ●

Marmorieren
Muster · Techniken · Gestaltungsideen
(**5247**-2) Von T. Hartel, 32 S., ca. 50 Farbfotos, mit Vorlagebg. in Originalgröße, kart. ●

Heut basteln wir mit Pappe und Papier
(**4413**-5) Von U. Barff, J. Maier, 224 Seiten, 117 Farbfotos, 480 Farbzeichn., 25 s/w-Abb., mit Schnittmusterbogen, Pappband. ●●●

Das große farbige Bastel- und Werkbuch
(**4439**-9) Von D. Rex, 256 S., 999 Farbfotos, 33 Farbzeichnungen, Pappband. ●●●●

Mein liebstes Spiel- und Bastelbuch
Die Welt der Dinosaurier
Tiere und Landschaften zum Selbermachen
Ausbrechen, aufstellen, spielen
(**4478**-X) Von B. Burkart, 8 Blatt mit herauslösbaren Motiven, 280-g-Karton mit Stanzung, 8 S. Bastelanl. und Sachinformation. ●●

Das große farbige
Dinosaurierbastelbuch
(**4686**-3) Von S. Koter, 128 S., 87 Farbfotos, 71 Farbzeichn., Vorlagebogen, Pappbd. ●●●

Fensterbilder in Scherenschnitt
(**5169**-7) Von A. Hahn, 32 Seiten, 52 Farbfotos, 3 s/w-Fotos, mit Vorlagebogen in Originalgröße, kartoniert. ●

Fensterbilder
Meine Lieblingstiere
(**5197**-2) Von Y. Thalheim, H. Nadolny, 32 Seiten, 38 Farbfotos, mit Vorlagebogen in Originalgröße, kartoniert. ●

Fensterbilder Enten und Gänse
(**5278**-2) Von D. Köhnen, 48 Seiten, durchgehend vierfarbig, mit Vorlagebogen, kart. ●

Fensterbilder Lustige Tiere
(**5210**-3) Von F. Michalski, 32 S., 47 Farbfotos, mit Vorlagebogen in Originalgröße, kart. ●

Fensterbilder Bauernhof
(**5264**-2) Von D. Köhnen, 48 Seiten, 44 Farbfotos, Vorlagebogen, kartoniert. ●

Fensterbilder Dinosaurier
(**5260**-X) Von C. Hüfner, 32 S., 8 Farbfotos, 47 Farbzeichnungen, Bastelbogen, kart. ●

Basteln mit Kindern
Fensterbilder Ritter und Burgen
(**5284**-7) Von D. Köhnen, 48 Seiten, durchgehend vierfarbig, mit Vorlagebogen, kart. ●

Mit Farben und Papieren
Fenster dekorieren
(**5255**-3) Von K. Groß, 32 Seiten, 8 Farbfotos, 59 Farbzeichnungen, kartoniert. ●

Basteln mit Kindern
Große Fensterbilder
(**5276**-6) Von D. Köhnen, 48 Seiten, durchgehend vierfarbig, mit Vorlagebogen, kart. ●

Originelle Fensterbilder
aus Tonpapier und Tonkarton
(**1305**-1) Von D. Köhnen, 64 Seiten, 70 Farbfotos, kartoniert. ●●

Die schönsten Fensterbilder
(**1066**-4) Von C. Kimmerle, 64 S., 100 Farbfotos, 7 Zeichnungen, kartoniert. ●●

Das Fensterbilder-Alphabet
Basteln mit Kindern ab 5 Jahren
(**5242**-1) Von E. Bohne, 32 S., ca. 50 Farbabb., mit Vorlagebogen in Originalgröße, kart. ●

Märchenhafte Fensterbilder
(**5185**-9) Von J. Maier, 32 S., 37 Farbfotos, mit Vorlagebogen in Originalgröße, kart. ●

Fensterbilder Blumen und Tiere
(**5186**-7) Von M. Twachtmann, 32 Seiten, 41 Farbfotos, 3 Zeichnungen, mit Vorlagebogen in Originalgröße, kartoniert. ●

Fensterbilder rund um die Welt
(**1411**-2) Von D. Köhnen, 64 Seiten, Vorlagebogen, 66 Farbfotos, kartoniert. ●●

Fensterbilder Zahlen
(**5268**-5) Von E. Bohne, 32 S., zahlr. Farbabbildungen, Vorlagebogen, kartoniert. ●

Fensterbilder Strand und Meer
(**5266**-9) Von B. Alex, 32 S., 57 Farbfotos, Vorlagebogen, kartoniert. ●

Fensterschmuck
Originelle Ideen für Dekorationen und Fensterbilder
(**1241**-1) Von D. Köhnen, 64 S., ca. 70 Farbfotos, Vorlagebogen, kartoniert. ●●

Klassisches Origami
Asiatische Faltkunst für Fortgeschrittene
(**1454**-6) Von P. D. Tuyen, ca. 80 Seiten, ca. 600 farbige Abbildungen, kartoniert. ●●

Sticker
Bastelspaß mit bunten Bildern
(**5270**-7) Von D. Dieterle und J. Reick, 48 S., 73 Farbfotos, mit Vorlagebogen, kartoniert. ●

Papierflieger
(**5157**-3) Von T. Gött, 32 S., 73 Farbf., 19 Zeichn., mit Vorlagebogen in Originalgröße, kart. ●

Windspielzeug
Bastelspaß mit Kindern ab 5 Jahren
(**5241**-3) Von D. Köhnen, 32 S., ca. 50 Farbabb., mit Vorlagebg. in Originalgröße, kart. ●

Flieger und Schiffe aus Papier
falten, ausbalancieren und steuern
(**1410**-4) Von C. Hüfner, ca. 80 Seiten, zahlr. Farbabbildungen, kartoniert. ●●

Faltschnitte
(**5257**-X) Von B. Blankenburg, 32 S., 12 Farbf., 42 Farbzeichn., Vorlagebogen, kartoniert. ●

Laternen und Lampions
(**5206**-5) Von C. Hüfner, 32 S., 60 Farbfotos, mit Vorlagebogen in Originalgröße, kart. ●

Mobiles aus Papier
(**5183**-2) Von J. Maier, 32 S., 17 Farbfotos, 35 Farbzeichnungen, mit Vorlagebogen in Originalgröße, kartoniert. ●

Tiermobiles
(**5258**-8) Von C. Hüfner, 32 Seiten, 57 Farbzeichnungen, Vorlagebogen, kartoniert. ●

Sonne, Mond und Sterne
Motive und Geschenkideen
(**5282**-0) Von D. Köhnen, 48 Seiten, durchgehend vierfarbig, mit Vorlagebogen, kart. ●

Bastelideen für Indianerspiele
(**5252**-9) Von B. Nelich, D. Velte, 32 Seiten, 38 Farbfotos, Vorlagebogen, kartoniert. ●

Der große Verkleidungsspaß
Kinderkostüme
(**1304**-3) Von C. Baumgarten, 53 Farbfotos, 183 Farbzeichn., Vorlagebogen, kart. ●●

Lustige Geschenk- und Schultüten
(**5263**-4) Von F. Michalski, 32 Seiten, 26 Farbfotos, Vorlagebogen, kartoniert. ●

Deco Art
Die Kunst, Geschenke zu verpacken
(**0949**-6) Von B. Niermann, 80 S., 78 Farbfotos, 191 Zeichnungen, kartoniert. ●●

Geschenke wunderschön verpacken
(**1113**-X) Von P. Jansen, 80 S., 79 Farbfotos, 166 Farbzeichnungen, kartoniert. ●●

Geschenke umweltfreundlich verpacken
(**1240**-3) Von P. Jansen, 64 S., vierfarbige Fotos und Illustrationen, kartoniert. ●●

Geldgeschenke
phantasievoll gestalten
(**5251**-0) Von P. Jansen, 32 Seiten, 49 Farbfotos, Vorlagebogen, kartoniert. ●

Geldgeschenke · Gutscheine · Geschenkanhänger
originell gestalten und verpacken
(**1115**-6) Von S. Haenitsch-Weiß, A. Weiß, 80 Seiten, 176 Farbfotos, kartoniert. ●●

Geschenke verpacken für Kinderfeste
(**5195**-6) Von C. Netolitzky, 32 S., 43 Farbfotos, mit Vorlagebogen in Originalgröße, kart. ●

Originelles Ambiente für Gäste
Festdekorationen
(**1049**-4) Von B. Niermann, 80 S., 125 Farbfotos, 59 Farbzeichn., kartoniert. ●●

Origineller Bastelspaß rund ums Herz
Motive und Geschenkideen
(**5272**-3) Von D. Köhnen, 48 Seiten, durchgehend vierfarbig, mit Vorlagebogen, kart. ●

Dekorative Schleifen
aus Bändern und Papier
(**5205**-7) Von M. Schorege, 32 S., 28 Farbfotos, 31 Farbzeichnungen, mit Vorlagebogen in Originalgröße, kartoniert. ●

Dekorieren und Arrangieren mit
Seidenblumen
(**5200**-6) Von M. L. Sprang, 32 S., 37 Farbfotos, 14 Farbzeichnungen, mit Vorlagebogen in Originalgröße, kartoniert. ●

Schmuck- und Glückwunschkarten
Papierarchitektur · Collagen · Faltschnittkarten
(**1114**-8) Von C. Sanladerer, 64 S., 55 Farbfotos, 31 Zeichnungen, kartoniert. ●●

Einladungs-, Tisch- und Menükarten
selbst gestalten
(**1302**-7) Von S. Haenitsch-Weiß, 80 Seiten, zahlreiche Farbabbildungen, kartoniert. ●●

Basteln mit Kindern
Moosgummi
(**5271**-5) Von A. und R. Schurr, 48 Seiten, durchgehend vierfarbig, mit Vorlagebogen, kartoniert. ●

Originell und Modern
Moosgummi
(**1354**-X) Von S. Boczkowski-Sigges, 56 Seiten, 92 Farbfotos, kartoniert. ●●

Osterschmuck
Neue Ideen für Kränze, Sträuße, Gestecke
(**5267**-7) Von I. Gleim, ca. 32 Seiten, zahlr. Farbabbildungen, kartoniert. ●

Basteln mit Kindern für
Ostern
(**5283**-9) Von V. Ettelt u.a., 48 Seiten, 12 Farbf., 83 Farbzeichnungen, mit Vorlagebg., kart. ●

Ostereier originell dekorieren
(**5219**-7) Von W. Velte, 32 S., 44 Farbfotos, mit Vorlagebogen in Originalgröße, kart. ●

Fensterbilder für die Osterzeit
(**5244**-8) Von R. Lübke, D. Lübke, 32 S., ca. 50 Farbf., mit Vorlagebg. in Originalg., kart. ●

Basteln für Ostern
(**5164**-6) Von Chr. Adjano, 32 S., 47 Farbfotos, mit Vorlagebogen in Originalgröße, kart. ●

Ostereier
Basteln mit Kindern ab 5 Jahren
(**5243**-X) Von Vera Ettelt, 32 Seiten, mit Spielebogen, kartoniert. ●

Tischdekorationen für Ostern
(**5220**-0) Von Chr. Adjano, 32 S., 49 Farbfotos, mit Vorlagebogen in Originalgröße, kart. ●

Basteln und dekorieren für
Advent und Weihnachten
(**4446**-1) Von G. Teusen, C. Netolitzky, 176 S., 285 Farbf., mit Bastelvorlagebg., Pappb. ●●●

Kinderbastelbuch
für Advent und Weihnachten
(**4687**-1) Von S. Wetzel-Maesmanns, 104 S., ca. 120 Farbfotos, ca. 300 Anleitungsillustrationen, Vorlagebogen, Pappband. ●●

Lustige Bastelideen für die
Weihnachtszeit
(**5256**-1) Von B. Löschenkohl, 32 S., 8 Farbfotos, 69 Farbzeichn., Vorlagebogen, kart. ●

Basteln für Weihnachten
(**5162**-X) Von Chr. Adjano, 32 S., 44 Farbfotos, mit Vorlagebogen in Originalgröße, kart. ●

Fensterbilder Winter und Weihnachten
(**5275**-8) Von F. Michalski, 48 S., 57 Farbfotos, Vorlagebogen, kartoniert. ●

Fensterdekorationen für die Weihnachtszeit
(**5181**-6) Von Y. Thalheim, H. Nadolny, 32 S., 33 Farbfotos, mit Vorlagebogen in Originalgröße, kartoniert. ●

Fensterbilder für Advent und Weihnachten
(**5211**-1) Von M. Schorege, 32 S., 24 Farbf., 15 Zeichn., mit Vorlagebg. in Originalg., kart. ●

Strohsterne
in bunter Vielfalt
(**5273**-1) Von M. Schorege, 48 S., 46 Farbfotos, Vorlagebogen, kartoniert. ●

Duftender Weihnachtsschmuck
aus Tonpapier und Potpourris
(**5254**-1) Von S. Wetzel-Maesmanns, 32 Seiten, 38 Farbfotos, Vorlagebogen, kartoniert. ●

Duftsträuße und Potpourris
(**1239**-X) Von A. Effelsberg, 80 Seiten, ca. 200 vierfbg. Abbildungen, kartoniert. ●●

Potpourris
Rezepturen und Geschenkideen
(**5265**-0) Von U. Altmann, 32 Seiten, 53 Farbfotos, kartoniert. ●

Trockenblumen
Gewürzsträuße, Gestecke, Kränze, Buketts
(**0643**-8) Von R. Strobel-Schulze, 88 Seiten, 170 Farbfotos, kartoniert. ●●

Phantasievolles Schminken
Verzauberte Gesichter für Maskeraden, Laienspiele und Kinderfeste
(**0907**-0) Hrsg.: H. u. Y. Nadolny, 64 Seiten, 227 Farbfotos, kartoniert. ●●

Schminken für Kinder
(**5177**-8) Von Y. Thalheim, H. Nadolny, 32 S., 68 Farbfotos, mit Vorlagebogen in Originalgröße, kartoniert. ●

Do it yourself und Technik

Moderne Fotopraxis
(**4401**-1) Von G. Koshofer, Prof. H. Wedewardt, 224 S., 363 Farbfotos, 106 s/w-Fotos, 5 Farb- und 24 s/w-Zeichnungen, Pappband. ●●●●

So macht man bessere Fotos
(**1158**-X) Von G. Koshofer, 144 S., 259 Farbfotos, 25 s/w-Fotos, kartoniert. ●●

So macht man bessere Kinderfotos
(**1459**-7) Von G. Koshofer, ca. 120 Seiten, ca. 260 farbige Abbildungen, kartoniert. ●●●

Kodak Photo CD
Bilder archivieren, bearbeiten, präsentieren
(**4388**-0) Von H. Freund, ca. 176 Seiten, durchgehend vierfarbig, kartoniert. ●●●

Videografieren
Filmen mit Video 8. Technik – Bildgestaltung – Schnitt – Vertonung.
(**0843**-0) Von M. Wild, K. Möller, 120 Seiten, 101 Farbfotos, 22 s/w-Fotos, 52 Zeichnungen, kartoniert. ●●●

Videografieren perfekt
Profitricks für Aufnahmetechnik und Nachbearbeitung
(**0969**-0) Von W. Schild, 120 S., 144 Farbabbildungen, 5 s/w-Zeichnungen, kart. ●●●

Besser VIDEOfilmen
Moderne Technik für perfekte Videos
(**1458**-9) Von W. Schild, ca. 160 Seiten, zahlreiche Farbabbildungen, kartoniert. ●●●

Videofilmen wie ein Profi
Technik · Motive · Filmaufbau · Nachbearbeitung
(**4506**-9) Von T. Pehle, 232 S., 444 Farbfotos, 61 zweifbg. Zeichnungen, Pappband. ●●●●

Do it yourself
Heimwerken
(**4117**-9) Von T. Pochert, 456 S., 1103 Farbfotos, 100 Farbabb., Pappband. ●●●●

Drechseln
Material · Technik · Beispiele
(**1306**-X) Von O. Maier, 72 S., 195 Farbabbildungen, 14 s/w-Zeichnungen, kartoniert. ●●

Do it yourself
Dachgeschoß- und Innenausbau
(**1243**-8) Von M. Maurer, 96 S., 314 Farbfotos, 35 Zeichn., kartoniert. ●●

Do it yourself
Sanitärinstallationen
(**1118**-0) Von W. Kawlath, 96 Seiten, 214 Farbabbildungen, kartoniert. ●●

Do it yourself
Metall bearbeiten
(**1119**-9) Von O. Maier, 96 S., 230 Farbfotos, 6 s/w-Zeichnungen, kartoniert. ●●

Do it yourself
Elektroarbeiten
(**0975**-5) Von K. H. Schubert, 120 S., 193 Farbfotos, 40 Zeichnungen, kartoniert. ●●

Möbel im Designer-Stil
entwerfen und bauen
(**1360**-4) Von H.-W. Bastian, ca. 64 Seiten, zahlr. Farbabbildungen, kartoniert. ●●●

Möbel für Kinderzimmer und Wohnbereich
(**1456**-2) Von H.-W. Bastian, 80 Seiten, vierfarbig, kartoniert. ●●

Schnitzen
Hölzer · Muster · Werkzeuge
(**1414**-7) Von O. Maier, ca. 64 Seiten, zahlr. Farbabbildungen, kartoniert. ●●

Modellbauelektronik
Fernsteuerungen für Autos, Schiffe, Flugzeuge
(**1361**-2) Von W. Kawlath, 80 Seiten, zahlr. Farbabbildungen, kartoniert. ●●

Alarmanlagen
für Wohnung, Haus, Auto
(**1308**-6) Von H.-W. Bastian, 64 Seiten, 81 Farbfotos, 32 Zeichnungen kartoniert. ●●

Solarstromanlagen
bauen und installieren
(**1457**-0) Von P. Röbke-Doerr, E. Steffens, ca. 80 Seiten, ca. 200 farbige Abbildungen, kartoniert. ●●

Hifi-Boxen
(**1307**-8) Von U. Hilgefort, 96 S., 160 Farbfotos, 49 Zeichnungen, kartoniert. ●●

Technik im Garten
Pumpen · Filter · Beleuchtung
(**1238**-1) Von H.-W. Bastian, 64 S., 90 Farbfotos, 17 Farbzeichnungen, kartoniert. ●●

Restaurieren von Möbeln
Stilkunde, Materialien, Techniken, Arbeitsanleitungen in Bildfolgen.
(**4120**-9) Von E. Schnaus-Lorey, 152 S., 37 Farbf., 75 s/w-Fotos, 352 Zeichn., Pappbd. ●●●●

Elektronik als Hobby
Von der Grundlagenschaltung zum integrierten Schaltkreis
Mit 8 wichtigen Universalplatinen
(**4293**-0) Von W. Priesterath, 264 S., 80 s/w-Fotos, 128 Zeichn., Pappband. ●●●●

Die Super-Sportwagen der Welt
(**4423**-2) Von H. G. Isenberg, 194 S., 184 Farbfotos, 4 farbige Ausklapptafeln, 32 s/w-Fotos, Pappband. ●●●●

Die Super-Rennwagen der Welt
(**4707**-X) Von H. G. Isenburg, 194 Seiten, 189 Farbf., 31 s/w-Fotos, Pappband. ●●●●

Die Super-Trucks der Welt
(**4257**-4) Von H. G. Isenberg, 194 Seiten, 205 Farbfotos, 87 s/w-Fotos, 7 Farbzeichn., 4 farbige Ausklapptafeln, Pappbd. ●●●●

Die Super-Motorräder der Welt
(**4193**-4) Von H. G. Isenberg, 192 Seiten, 170 Farb- und 100 s/w-Fotos, 8 Zeichnungen, Pappband. ●●●●

Die Super-Eisenbahnen der Welt
(**4287**-6) Von W. Kosak, H. G. Isenberg, 224 S., 269 Farbfotos, 79 s/w-Fotos, 8 Vignetten, 5 farbige Ausklapptafeln, Pappband. ●●●●

Die Super-Dampfloks der Welt
(**4480**-1) Von H. Faust, H. G. Isenberg, 194 Seiten, 193 Farbfotos, mit vier Ausklapptafeln, Pappband ●●●●

Plastikmodellbau
Autos, Schiffe, Flugzeuge in vollendeter Technik.
(**1116**-4) Von W. Kawlath, 96 Seiten, 272 Farbabbildungen, kartoniert. ●●

Spiele und Denksport

Spielbare Witze für Kinder
(**0824**-4) Von H. Schmalenbach, 112 Seiten, 30 Zeichnungen, kartoniert. ●

Neue spielbare Witze für Kinder
(**1173**-3) Von H. Schmalenbach, 96 Seiten, 31 Zeichnungen, kartoniert. ●

Scherzfragen, Drudel und Blödeleien
gesammelt von Kindern.
(**0506**-7) Hrsg. von W. Pröve, 80 Seiten, 57 Zeichnungen, kartoniert. ●

Spiele mit Papier und Bleistift
(**2044**-9) Von K.-H. Koch, ca. 96 Seiten, kartoniert. ●

Der Elefant in meiner Hand ...
Fingerspiele
für Kinder vom Baby – bis zum Grundschulalter
(**2043**-0) Von G. Falkenberg, 72 Seiten, 146 Farbzeichnungen, kartoniert. ●

Kinderspiele
die Spaß machen
(**2009**-0) Von H. Müller-Stein, 104 Seiten, 28 Abbildungen, kartoniert. ●

Kinderspiele mit Buchstaben und Wörtern
(**1041**-9) Von Dr. U. Vohland, 96 Seiten, 54 Zeichnungen, kartoniert. ●

Spiel und Spaß am Krankenbett
für Kinder und die ganze Familie
(**2035**-X) Von H. Bücken, 96 Seiten, 97 Zeichnungen, kartoniert. ●

Spiele im Freien
(**2038**-4) Von G. Wagner, 88 S., 20 zweifbg.-Zeichnungen, kartoniert. ●

Spiel und Spaß zu Hause
(**2039**-2) Von U. Geißler, 80 S., 90 zweifbg. Abbildungen, kartoniert. ●

Spiel und Spaß auf Reisen
Für Kinder und die ganze Familie
(**1085**-0) Von U. Geißler, 80 S., 107 zweifbg.-Zeichnungen, kartoniert. ●

Kleine Spiele ganz groß
(**1330**-2) Von U. Vohland, 80 Seiten, 93 s/w-Zeichnungen, kart. ●

Entdeckungsspiele für die ganze Familie
Rallyes zu Fuß und mit dem Fahrrad
(**1393**-0) Von U. Vohland, 96 S., 117 Zeichnungen, kartoniert. ●●

Kinder spielen Theater
(**4696**-0) Von G. Walter, 160 S., 48 Farbfotos, 229 Farbzeichnungen, Pappband. ●●●

Guten Tag, Kinder!
Neue Texte mit Spielanleitungen fürs Kasperletheater.
(**0861**-9) Von U. Lietz, 96 S., 18 s/w-Zeichnungen, kartoniert. ●

Kasperletheater
Spieltexte und Spielanleitungen · Basteltips für Theater und Puppen.
(**0641**-1) Von U. Lietz, 114 Seiten, 4 Farbtafeln, 12 s/w-Fotos, 39 Zeichnungen, kartoniert. ●●

Kindergeburtstage, die keiner vergißt
Planung, Gestaltung, Spielvorschläge.
(**0698**-5) Von G. und G. Zimmermann, 104 S., 80 Vignetten, kartoniert. ●

Kindergeburtstag
Vorbereitung, Spiel und Spaß.
(**0287**-4) Von Dr. I. Obrig, 136 S., 40 Abb., 11 Zeichn., 9 Lieder mit Noten, kart. ●●

Unvergeßliche Kindergeburtstage
(**4705**-3) Von G. Hennekemper, 176 S., 116 Farbfotos, 134 Farbzeichn., Pappband. ●●●

Unvergeßliche Kinderpartys
Tolle Ideen für Einladungen, Dekorationen und Spiele
(**4756**-8) Von V. Mirschel, 112 S., zahlreiche Farbfotos und -zeichnungen, gebunden. ●●●

Unvergeßliche Kinderfeste
Tolle Dekorationen, Spiele, Sketche für drinnen und draußen
(**4457**-7) Von Dr. G. Hennekemper, 192 S., 111 Farbfotos, 214 Farb- und 14 s/w-Zeichnungen, 4 S. Schnittmuster, Pappband. ●●●

Spielen mit den Allerkleinsten
(**4691**-X) Von S. Horak, 128 S., 47 Farbfotos, Pappband. ●●●

Lauter tolle Sachen, die Kinder gerne machen
(**4731**-2) Hrsg. U. Barff., 352 S., 117 Farbfotos, 778 Farbzeichnungen, Pappband. ●●●●

Das große bunte Spielebuch
für Kinder von 2 bis 6 Jahren
(**4543**-3) Von R. Grabbet, 160 S., 312 Farbabbildungen, Pappband. ●●●

Mein kunterbuntes Ratebuch
Rätselspiele mit Bildern und Wörtern für Kinder von 7 bis 10 Jahren
(**4697**-9) Von D. und R. Zey, ca. 144 Seiten, durchgehend vierfarbig, gebunden. ●●●

Neues Buch der siebzehn und vier Kartenspiele
(**0095**-2) Von K. Lichtwitz, 96 S., kartoniert. ●

Alles über Pokern
Regeln und Tricks.
(**2024**-4) Von C. D. Grupp, 112 S., 29 Kartenbilder, kartoniert. ●

Rommé und Canasta
in allen Variationen.
(**2025**-2) Von C. D. Grupp, 88 S., 24 Zeichnungen, kartoniert. ●

Doppelkopf, Schafkopf, Binokel, Cego, Tarock und andere Stammtischspiele.
(**2015**-5) Von C. D. Grupp, 112 S., kartoniert. ●

Das Skatspiel
Eine Fibel für Anfänger
(**0206**-8) Von K. Lehnhoff, 96 S., kartoniert. ●

Spielend Skat lernen
unter freundlicher Mitarbeit des Deutschen Skatverbandes
(**2005**-8) Von Th. Krüger, 120 Seiten, 181 s/w-Fotos, 22 Zeichnungen, kart. ●●

Patiencen
in Wort und Bild. (**2003**-1) Von I. Wolter-Rosendorf, 120 Seiten, kartoniert. ●

Neue Patiencen
(**2036**-8) Von H. Sosna, 160 Seiten, 43 Farbtafeln, kartoniert. ●●

Spielend Bridge lernen
(**2012**-0) Von J. Weiss, 96 Seiten, 58 Zeichnungen, kartoniert. ●

Spieltechnik im Bridge
(**2004**-X) Von V. Mollo und N. Gardener, dt. Adaption von D. Schröder, 152 S., kart. ●●●

Neue Kartentricks
(**2027**-9) Von K. Pankow, 104 Seiten, 20 Abbildungen, kartoniert. ●

Das japanische Brettspiel Go
(**2020**-1) Von W. Dörholt, 104 S., 182 Diagramme, kart. ●

Spielend Go lernen
(**2041**-4) Von H. Otake, S. Futakuchi, 192 S., 615 s/w-Zeichnungen, kartoniert. ●●

Mah-Jongg
Das chinesische Glücks-, Kombinations- und Gesellschaftsspiel. (**2030**-9) Von U. Eschenbach, 80 S., 30 s/w-Fotos, 5 Zeichn., kart. ●

Backgammon
für Anfänger und Könner. (**2008**-2) Von G. W. Fink und G. Fuchs, 104 S., 41 Abb., kart. ●

Einführung in das Schachspiel
(**0104**-5) Von W. Wollenschläger und K. Colditz, 112 S., 116 Diagramme, kartoniert. ●

Schach, das königliche Spiel
Von den Grundzügen zum strategischen Spiel.
(**1105**-9) Von T. Schuster, 192 S., 302 Diagramme, kart. ●●

Spielend Schach lernen
(**2002**-3) Von T. Schuster, 96 S., , kartoniert. ●

Kinder- und Jugendschach
Offizielles Lehrbuch des Deutschen Schachbundes zur Erringung der Bauern-, Turm- und Königsdiplome.
(**0561**-X) Von B. J. Withuis, H. Pfleger, 144 S., 220 Zeichnungen und Diagramme, kart. ●●

Zug um Zug
Schach für jedermann 1
Offizielles Lehrbuch des Deutschen Schachbundes zur Erringung des Bauerndiploms.
(**0648**-9) Von H. Pfleger, E. Kurz, 80 Seiten, 24 s/w-Fotos, 8 Zeichnungen, 60 Diagramme, kartoniert. ●●

Zug um Zug
Schach für jedermann 2
Offizielles Lehrbuch des Deutschen Schachbundes zur Erringung des Turmdiploms.
(**0659**-4) Von H. Pfleger, E. Kurz, 128 Seiten, 7 s/w-Fotos, 13 Zeichnungen, 78 Diagramme, kartoniert. ●●

Zug um Zug
Schach für jedermann 3
Offizielles Lehrbuch des Deutschen Schachbundes zur Erringung des Königsdiploms.
(**0728**-0) Von H. Pfleger, G. Treppner, 128 S., 4 s/w-Fotos, 84 Diagr., 10 Zeichn., kart. ●●

Schach für Fortgeschrittene
Taktik und Probleme des Schachspiels
(**0219**-X) Von R. Teschner, 88 Seiten, 85 Diagramme, kartoniert. ●

Neue Schacheröffnungen
(**0478**-8) Von T. Schuster, 104 Seiten, 100 Diagramme, kartoniert. ●

Würfelspiele
für jung und alt. (**2007**-4) Von F. Pruss, 112 S., 21 s/w-Zeichnungen, kartoniert. ●

Roulette richtig gespielt
Systemspiele, die Vermögen brachten.
(**0121**-5) Von M. Jung, 96 S., zahlreiche Tabellen, kartoniert. ●

Spiele für Party und Familie
(**2014**-7) Von Rudi Carrell, 80 S., 22 Zeichnungen, kartoniert. ●

Neue Spiele für Ihre Party
(**2022**-8) Von G. Blechner, 120 S., 54 Zeichnungen, kartoniert. ●

Lustige Tanzspiele und Scherztänze
für Partys und Feste.
(**0165**-7) Von E. Bäulke, 80 S., 53 Abb., kart. ●

Das Spiel mit der Schwerkraft
Jonglieren
Mit Bällen, Keulen, Ringen und Diabolo.
(**1009**-5) Von S. Peter, 80 S., 149 Farbfotos, kartoniert. ●

Zaubern
einfach – aber verblüffend.
(**2018**-X) Von D. Bouch, 84 Seiten, 41 Zeichnungen, kartoniert. ●

Tips, Tricks und Gewinnstrategien für Game-Boy-Spiele
(**1235**-7) Von René Zey, 176 Seiten, 100 Zeichnungen, kartoniert. ●●

Neue Game-Boy-Spiele
Sport, Action und Adventure
(**1325**-6) Von R. Zey, 176 Seiten, 21 s/w-Zeichnungen, kartoniert. ●●

Alles über Super-Nintendo-Spiele
Technik, Tips und Facts
(**1340**-X) Von D. Mark, 104 S., zahlreiche Farbabbildungen, kartoniert. ●●

Das 3. Glücksrad Rätselbuch
(**1391**-4) 160 Seiten, kartoniert. ●●

Rätselspiele
Quiz- und Scherzfragen für gesellige Stunden
(**1270**-5) Von K. H. Schneider, ca. 80 Seiten, ca. 80 s/w-Abbildungen, kartoniert. ●

Knobeleien und Denksport
(**2019**-8) Von K. Rechberger, 142 Seiten, 105 Zeichnungen, kartoniert. ●

So feiert man Feste fröhlicher
Heitere Vorträge und Gedichte
(**0098**-7) Von Dr. Allos, 96 Seiten, 15 Abbildungen, kartoniert. ●

Die große Lachparade
Neue Texte für heitere Vorträge und Ansagen
(**0188**-6) Von E. Müller, 80 S., kartoniert. ●

Rat und Wissen

Der gute Ton
in Gesellschaft und Beruf.
(**0063**-4) Von I. Wolter, 80 S., 42 s/w-Fotos, 7 Zeichnungen, kartoniert. ●

Der gute Ton
im Privatleben.
(**1111**-3) Von I. Wolter, bearbeitet von Wolf Stenzel, 104 S., 42 s/w-Abbildungen, kart. ●

Umgangsformen heute
Die Empfehlungen des Fachausschusses für Umgangsformen.
(**4015**-6) 252 S., 108 s/w-Fotos, 17 Zeichnungen, Pappband. ●●●

Abc der modernen Umgangsformen
(**4754**-1) Von I. Wolff, ca. 300 Seiten, zahlreiche Abbildungen, gebunden. ●●●

Benehmen bei Tisch
(**0988**-7) Von I. Cording, 80 S., 90 Farbfotos, 5 s/w-Zeichnungen, kartoniert. ●●

Krawatten
Fliegen, Schals und Tücher gekonnt binden
(**1072**-9) Von Y. Thalheim, H. Nadolny, 48 S., 129 Farbfotos, 1 s/w-Foto, Pappband. ●

freundin
Farbberatung
Alle Farben, die Ihnen wirklich stehen
(**4520**-4) Von Chr. Buscher, 128 Seiten, 175 Farbfotos, Pappband. ●●●●

freundin
Das perfekte Make-up
(**4727**-4) Von M. Rüdiger, H. Kirchberger, G. Mergenburg, 128 Seiten, 271 Farbfotos, Pappband. ●●●●

freundin
Der große Ratgeber
Body Fitness
Diät · Pflege · Bräune · Gymnastk · Anti-Cellulite-Programm
(**4758**-4) Von M. Bückmann u.a., ca. 128 S., durchgehend vierfarbig, gebunden. ●●●●

freundin Ratgeber
Hochzeit feiern
(**4702**-2) Von C. von Hoerner-Nitsch, I. Weber, K. Riebartsch, C. von Bernuth, 128 Seiten, 188 Farbfotos., 28 s/w-Fotos, Pappbd. ●●●●

freundin
Typ & Frisur
(**4695**-2) Von E. Bolz, 128 S., 219 Farbfotos, Pappband. ●●●●

Gedichte, Reden und Sketche
für grüne, silberne u. goldene Hochzeitstage
(**1269**-1) Von F. Rieder, 160 S., durchgehend vierfarbig, Pappband. ●●

Von der Verlobung zur Goldenen Hochzeit
(**0393**-5) Von E. Runge, 112 Seiten, kartoniert. ●

Hochzeitszeitungen
Tolle Ideen für Leute von heute
(**1379**-5) Von Y. Thalheim, 80 S., 160 zweifbg. Abbildungen, kartoniert. ●●

Die Silberhochzeit
Vorbereitung · Einladung · Geschenkvorschläge · Dekoration · Festablauf · Menüs · Reden · Glückwünsche. (**0542**-3) Von K. F. Merkle, 112 S., 41 Zeichnungen, kartoniert. ●

Geburtstagsfeiern für jedes Alter
Planung und Festgestaltung
(**1382**-5) Von S. Ahrndt, 120 S., 145 Farbfotos, 28 Farbzeichnungen, kartoniert. ●●

Geburt und Taufe feiern
Planung und Festgestaltung
(**1443**-0) Von S. Ahrendt, 112 Seiten, 46 Farbzeichn., kartoniert. ●●

Wie soll es heißen?
(**0211**-4) Von D. Köhr, 136 S., kartoniert. ●

Unsere beliebtesten Vornamen
(**1023**-0) Von A. F. W. Weigel, 160 Seiten, 75 s/w-Fotos, Pappband. ●●

Die schönsten Vornamen
(**4755**-X) Hrsg. Dr. D. Voorgang, ca. 208 Seiten, über 100 Farbzeichnungen, gebunden. ●

Kindergedichte, Lieder und Sketche für Hochzeitsfeiern
(**1112**-1) Von B. Lins, 72 Seiten, 26 farbige Abbildungen, 15 Lieder, kartoniert. ●

Neue Kindergedichte und Lieder für Hochzeitsfeste
(**1431**-7) Von A. Schweiggert, 80 S., 27 s/w-Zeichnungen, kartoniert. ●

Kindergedichte rund ums Jahr
(**1040**-0) Von A. Schweiggert, 80 Seiten, 49 Zeichnungen, 6 Vignetten, kartoniert. ●

Kindergedichte für alle Tage und Feste
Freu dich, daß noch Blumen sprießen...
(**1489**-9) Von G. Rudolf, 160 S., durchgehend zweifarbig, gebunden. ●●

Ins Gästebuch geschrieben
(**0576**-8) Von K. H. Trabeck, 96 Seiten, 24 Zeichnungen, kartoniert. ●

Der Verseschmied
Kleiner Leitfaden für Hobbydichter.
(**0597**-0) Von T. Parisius, 96 Seiten, 28 Zeichnungen, kartoniert. ●

Mach' dir einen Reim
Der moderne Verseschmied
(**1433**-3) Von G. Rudorf, 192 S., Pappband. ●●

Die schönsten Volkslieder
(**0432**-X) Hrsg. D. Walther, 128 S., mit Noten und Zeichnungen, kartoniert. ●

Alte und neue
Wanderlieder
(**1268**-3) Von P. G. Walter, 96 S., zweifarbig, kartoniert. ●●

Neue Glückwunschfibel
für groß und klein.
(**0156**-8) Von R. Christian-Hildebrandt, 96 S., 13 Vignetten, kartoniert. ●

Großes Buch der Glückwünsche
(**0255**-6) Hrsg. von O. Fuhrmann, 176 S., 77 Zeichnungen und viele Gestaltungsvorschläge, kartoniert. ●●

Wetter und Wind ändern sich geschwind
Beliebte Bauernregeln
(**1267**-5) Von G. Haddenbach, ca. 80 Seiten, ca. 30 zweifarbige Illustrationen, kart. ●

Beliebte Verse fürs Poesiealbum
Rosen, Tulpen, Nelken...
(**0431**-1) Von W. Pröve, 96 Seiten, 11 Faksimile-Abbildungen, kartoniert. ●

Verse fürs Poesiealbum
(**0241**-6) Von I. Wolter, 120 Seiten, 20 Abbildungen, kartoniert. ●

Heiter und besinnliche
Verse fürs Poesiealbum
(**1069**-9) Von B. H. Bull, 160 Seiten, 70 zweifarbige Illustrationen, Pappband. ●●

Klassische Verse und Zitate
Für Glückwünsche, Briefe, Reden und Poesiealben
(**1223**-3) Von P. Motzan, 224 Seiten, 40 Abbildungen, Pappband. ●●

Die Kunst der freien Rede
Ein Intensivkurs mit vielen Übungen, Beispielen und Lösungen.
(**4189**-6) Von G. Hirsch, 232 Seiten, 11 Zeichnungen, Pappband. ●●●

Trinksprüche, Gästebuchverse, Richtsprüche
(**0224**-6) Von D. Kellermann, 96 Seiten, kartoniert. ●

Glückwünsche, Toasts und Festreden zu Polterabend und Hochzeit
(**0264**-5) Von I. Wolter, 112 Seiten, 18 Zeichnungen, kartoniert. ●

Trinksprüche und Festreden
(**1321**-3) Von L. Metzner, 144 S., 13 zweifarbige Zeichnungen, Pappband. ●●

Grußworte
für Gemeindefeiern, Vereinsjubiläen und andere offizielle Anlässe
(**4741**-X) Von M. Adam, 192 S., Pappbd. ●●

Moderne Reden und Ansprachen
(**4742**-8) Von M. Adam, 464 Seiten, Pappband. ●●●●

Reden zu Familienfesten
(**0675**-6) Von G. Georg, 112 S., kartoniert. ●

Reden im Verein
Musteransprachen für viele Gelegenheiten
(**0703**-5) Von G. Georg, 112 S., kartoniert. ●

Reden zum Jubiläum
Musteransprachen für viele Gelegenheiten
(**0595**-4) Von G. Georg, 112 S., kartoniert. ●

Reden und Sprüche zu Grundsteinlegung, Richtfest und Einzug
(**0598**-0) Von A. Bruder, G. Georg, 96 Seiten, kartoniert. ●

Die überzeugende Rede
Mehr Erfolg durch bessere Rhetorik
(**0076**-6) Von K. Wolter, G. Kunz, 96 Seiten, kartoniert. ●

Moderne Korrespondenz
Handbuch für erfolgreiche Briefe
(**4014**-8) Von H. Kirst und W. Manekeller, 544 Seiten, Pappband. ●●●●

Musterbriefe
für alle Gelegenheiten.
(**0231**-9) Hrsg. von O. Fuhrmann, 240 Seiten, kartoniert. ●●

Der moderne Brief
Geschäfts- und Privatkorrespondenz empfängerorientiert schreiben
(**1440**-6) Von Dr. G. Reinert-Schneider, 112 S., 44 s/w-Zeichn., kartoniert. ●●

Geschäftsbriefe
zeitgemäß und stilsicher
(**1323**-X) Von G. Briese-Neumann, 152 S., kartoniert. ●●

Geschäftliche Briefe
für Privatleute, Handwerker und Kaufleute
(**0041**-3) Von G. Briese-Neumann, ca. 120 S., kartoniert. ●

Einladungen texten und gestalten
(**1484**-8) Von R. Zey und A. Bellingen, ca. 80 S., kartoniert. ●

Privatbriefe
Muster für alle Gelegenheiten.
(**0114**-2) Von I. Wolter-Rosendorf, 112 S., kart. ●

Erfolgstips für den Schriftverkehr
Briefgestaltung · Rechtschreibung · Zeichensetzung · Stil. (**0678**-0) Von U. Schoenwald, 112 Seiten, kartoniert. ●

Behördenkorrespondenz
Musterbriefe · Anträge · Einsprüche
(**0412**-5) Von E. Ruge, 112 S., kartoniert. ●

Worte und Briefe der Anteilnahme
(**0464**-8) Von E. Ruge, M. Adam, 88 Seiten, mit vielen Abbildungen, kartoniert. ●

Briefe zu Geburt und Taufe
Glückwünsche und Danksagungen. (**0802**-3) Von H. Beitz, 96 S., 12 Zeichnungen, kart. ●

FALKEN Rechtsberater
Fallbeispiele · Musterbriefe · Gerichtsurteile
(**4734**-7) Hrsg. S. von Hasseln, 756 Seiten, Pappband. ●●●●

Alles, was man über Erziehungsgeld, Mutterschutz, Erziehungsurlaub wissen muß
Das neue Recht für Eltern
(**0835**-X) Von K. Möcks, A. Schmitt, 144 S., kartoniert. ●●

Alles, was man über die nichteheliche Lebensgemeinschaft wissen muß
(**1071**-0) Von T. Drewes, 104 Seiten, 8 s/w-Zeichnungen, kartoniert. ●●

Scheidung und Unterhalt
nach dem neuen Eherecht.
(**0403**-6) Von T. Drewes, 112 S., mit Kosten und Unterhaltstabellen, kartoniert. ●●

Alles, was man über
Eheverträge
wissen muß
(**1483**-X) Von T. Münster, 128 Seiten, kartoniert. ●●

Alles, was man über Scheidung und Unterhalt wissen muß
(**1264**-0) Von T. Drewes, 128 Seiten, kartoniert. ●●

Alles, was man über Renten wissen muß
Mit Rentenreformgesetz 1992
(**1265**-9) Von K. Möcks, A. Schmitt, 112 Seiten, kartoniert. ●●

Rasthaus-Ratgeber
Kinder haben keine Bremse
Verkehrserziehung für Kinder ab 3 Jahren
(**1497**-X) Von H.-D. Barth, 80 S, durchgehend vierfarbig, kartoniert. ●●

Rasthaus-Ratgeber
Stop dem Autoklau
Die wirksamsten Methoden gegen Autodiebstahl
(**1485**-6) Von M. Maurer, 64 Seiten, durchgehend vierfarbig, kartoniert. ●●

Rasthaus-Ratgeber
Gebrauchtwagenkauf
Auswahl · Bewertung · Kaufvertrag
(**1498**-8) Von U. Traub, 80 Seiten, durchgehend vierfarbig, kartoniert. ●●

Wolfgang Büsers Erfolgstips
Rentenreform '92
(**1244**-6) Von W. Büser, 80 S., kartoniert. ●

Wolfgang Büsers Erfolgstips
Teilzeitarbeit
(**1266**-7) Von W. Büser, 80 S., kartoniert. ●●

Wolfgang Büsers Erfolgstips
(Lohn-) Einkommensteuer '92
Aktuell: Zinssteuer '93
(**1324**-8) Von W. Büser, 176 S., kartoniert. ●●

Vermögensbildung mit System
Anlageformen · Strategien · Praxistips
(**1445**-7) Von W. Schwanfelder, 160 Seiten, kartoniert. ●●

Alles, was man über BAföG wissen muß
(**1387**-6) Von A. Mengeringhausen, 144 Seiten, kartoniert. ●●

Testament und Erbschaft
Erbfolge, Rechte und Pflichten der Erben, Erbschafts- und Schenkungssteuer, Mustertestamente. (**4139**-X) Von T. Drewes, R. Hollender, 304 Seiten, Pappband. ●●●

Erbrecht und Testament
(**0046**-4) Von H. Wandrey, 124 S., kart. ●

Alles, was man über Testament und Erbschaft wissen muß
(**0939**-9) Von T. Drewes, 136 Seiten, 9 s/w-Zeichnungen, kartoniert. ●●

Mietrecht
Leitfaden für Mieter und Vermieter
(**0479**-6) Von J. Beuthner, 196 S., kart. ●●

Haushaltstips
praktisch und umweltfreundlich
(**1046**-X) Von K. Winkell, 96 Seiten, 36 Zeichnungen, kartoniert. ●

Texte für den Anrufbeantworter
(**1389**-2) Von G. Kunz, 80 S., 12 s/w-Zeichnungen, kartoniert. ●

Alles, was man über den Umgang mit Behörden wissen muß
(**1390**-6) Von K. Möcks, A. Schmitt, 132 Seiten, kartoniert. ●●

Wege zum Börsenerfolg
Aktien · Anleihen · Optionen
(**4275**-2) Von H. Krause, 252 S., 4 s/w-Fotos, 86 Zeichnungen, Pappband. ●●●●

Wörter und Unwörter
Sinniges und Unsinniges der deutschen Gegenwartssprache
(**1401**-7) Hrsg. Gesellschaft für deutsche Sprache, 176 Seiten, kartoniert. ●●●

Richtige Groß- und Kleinschreibung
durch neue, vereinfachte Regeln. Erläuterungen der Zweifelsfragen anhand vieler Beispiele.
(**0897**-X) Von Prof. Dr. Ch. Stetter, 96 Seiten, kartoniert. ●

Gutes Deutsch schreiben und sprechen
(**4432**-1) Von W. Manekeller, Dr. G. Reinert-Schneider, 416 S., durchgehend zweifarbig, Pappband. ●●●●

Mehr Erfolg in der Schule
Deutsche Rechtschreibung und Grammatik
Übungen und Beispiele für die Klassen 5–10.
(**4407**-0) Von K. Schreiner, 256 S., durchgehend zweifarbig, Pappband. ●●●●

Diktate besser schreiben
Übungen zur Rechtschreibung für die Klassen 4 bis 8
(**0469**-9) Von K. Schreiner, 152 S., 31 Zeichnungen, kartoniert. ●●

Deutsche Grammatik
Ein Lern- und Übungsbuch
(**0704**-3) Von K. Schreiner, 122 S., kart. ●●

Aufsätze besser schreiben
Förderkurs für die Klassen 4 – 10
(**0429**-X) Von K. Schreiner, 144 Seiten, 31 Abb., kartoniert. ●●

Mehr Erfolg in der Schule
Der Deutschaufsatz
Übungen und Beispiele für die Klassen 5 – 10.
(**4271**-X) Von K. Schreiner, 240 S., 4 s/w-Fotos, 51 Zeichnungen, Pappband. ●●●●

Mehr Erfolg in der Schule
Deutsch
Textinterpretation, Literaturgeschichte und Stilkunde
(**4483**-6) Von K. Schreiner, 272 S., 43 zweifarbige Zeichnungen, Pappband. ●●●●

Gedächtnistraining mit Eselsbrücken
(**1388**-4) Von W. Ettig, 96 S., 36 s/w-Zeichnungen, kartoniert. ●

Geschichte
Von der Französischen Revolution bis zur Gegenwart
(**4723**-1) Von K. Schreiner, 256 S., 50 s/w-Fotos, 10 Farbzeichnungen, 6 zweifarbige Landkarten, Pappband. ●●●●

Geographie
Natürliche Grundlagen · Gestaltung der Umwelt · Die Staaten der Erde
(**4724**-X) Von V. Disch, 256 S., ca. 40 Karten und Grafiken, Pappband. ●●●●

Mehr Erfolg in der Schule
Mathematik 1
Arithmetik und Algebra. Übungen, Beispiele und Lösungen für die Klassen 5 bis 10.
(**4420**-8) Von R. Müller-Fonfara, 256 Seiten, 193 Zeichn., 2 s/w-Fotos, Pappband. ●●●●

Mehr Erfolg in der Schule
Mathematik 2
Geometrie, Statistik, Wahrscheinlichkeitsrechnung und kaufmännisches Rechnen
(**4456**-9) Von R. Müller-Fonfara, W. Scholl, 256 Seiten, 6 s/w-Fotos, 304 Zeichnungen, Pappband. ●●●●

Mathematische Formeln für Schule und Beruf
Mit Beispielen und Erklärungen.
(**0499**-0) Von R. Müller-Fonfara, 156 Seiten, 210 Zeichnungen, kartoniert. ●●

Schülerlexikon der Mathematik
Formeln, Übungen und Begriffserklärungen für die Klassen 5 – 10
(**0430**-3) Von R. Müller-Fonfara, 176 Seiten, 96 Zeichnungen, kartoniert. ●●

Mehr Erfolg in der Schule
Mathematik 3
Analysis, analytische Geometrie und lineare Algebra
(**4541**-7) Von R. Müller-Fonfara, W. Scholl, 240 Seiten, 140 zweifarbige Grafiken, Pappband. ●●●●

Mehr Erfolg in der Schule
Mathematik 4
Für die Klassen 11 bis 13
(**4701**-0) Von R. Müller-Fonfara, W. Scholl, 240 Seiten, 91 Zeichnungen, 3 s/w-Fotos, Pappband. ●●●●

Mathematik-Textaufgaben leicht gelöst
Aufgaben · Lösungsstrategien · Anwendungsbeispiele
(**1022**-2) Von R. Müller-Fonfara, 128 Seiten, 4 Zeichnungen, kartoniert. ●●

Rechnen aufgefrischt für Schule und Beruf.
(**0100**-2) Von H. Rausch, 144 S., kartoniert. ●

Besseres Englisch
Grammatik und Übungen für die Klassen 5 bis 10.
(**0745**-0) Von E. Henrichs, 144 S., kart. ●●

Mehr Erfolg in der Schule
Englisch
Textinterpretationen
(**4518**-2) Von E. Heinrichs-Kleinen, 256 S., Pappband. ●●●●

Mehr Erfolg in der Schule
Englische Grammatik
Regeln und Übungen für die Klassen 5 bis 13
(**4431**-3) Von E. Henrichs-Kleinen, 256 S., durchgehend zweifarbig, Pappband. ●●●●

Besseres Französisch
Grammatik und Übungen für die Klassen 9 bis 11
(**1039**-7) Von R. Lübke, 114 S., durchgehend zweifarbig, kartoniert. ●●

Mehr Erfolg in der Schule
Französische Grammatik
Für die Klassen 7 bis 13
(**4703**-7) Von R. Lübke, ca. 256 S., durchgehend zweifarbig, Pappband. ●●●●

Schnell und sicher zum Führerschein
Tips und Tricks aus 30jähriger-Fahrlehrer-Praxis.
(**1232**-2) Von O. Einert, 152 S., 156 Farbfotos, 161 z.T. farb. Zeichnungen, kartoniert. ●●

Die aktuellen Prüfungsfragen und Prüfungsbogen für den Führerschein Klasse 3
(**1490**-2) 104 Seiten, 371 Farbfotos, kart. ●●

Der Test-Knacker bei Führerscheinverlust
(**1262**-4) Von T. Rieh, 128 S., kartoniert. ●●

Erfolgreiche Bewerbung um einen Ausbildungsplatz
(**0715**-9) Von H. Friedrich, 128 S., kartoniert. ●

Bewerbungsstrategien
Erfolgreiche Konzepte für Karrierebewußte
(**1027**-3) Von Dr. W. Reichel, 128 S., kart. ●●

Karriereplanung mit System
Bewerbungsstrategien für Frauen
(**4455**-0) Von R. Ibelgaufts, 144 Seiten, 20 Cartoons, Pappband. ●●

Die Bewerbung
Der moderne Ratgeber für Bewerbungsbriefe, Lebenslauf und Vorstellungsgespräche.
(**4138**-1) Von W. Manekeller, 264 Seiten, Pappband. ●●●

Die erfolgreiche Bewerbung
Bewerbung und Vorstellung
(**0173**-8) Von W. Manekeller, U. Schoenwald, 144 Seiten, kartoniert. ●●

Lebenslauf und Bewerbung
Beispiele für Inhalt, Form und Aufbau
(**0428**-1) Von H. Friedrich, 112 S., kartoniert. ●

Bewerbungsbriefe und Stellengesuche
Für handwerkliche, gewerblich-technische und kaufmännische Berufe
(**0138**-X) Von Dr. W. Reichert, 96 S., kart. ●

Das überzeugende
Vorstellungsgespräch
Erfolgreiche Strategien für den ersten Eindruck
(**1261**-6) Von R. Ibelgaufts, 144 S., kart. ●●

Vorstellungsgespräche
sicher und erfolgreich führen.
(**0636**-5) Von H. Friedrich, 144 Seiten, kart. ●

Einstellungstests und andere Methoden der Bewerberauswahl
(**1263**-2) Von Dr. R. Hilke, H. Hustedt, 160 S., 27 Zeichnungen, kartoniert. ●●

Keine Angst vor Einstellungstests
Ein Ratgeber für Bewerber.
(**0793**-6) Von Ch. Titze, 120 Seiten, 67 Zeichnungen, kartoniert. ●

Assessment Center
Erfolgstips und Übungen für Bewerber
(**1385**-X) Von H. Beitz und A. Loch, ca. 128 S., kartoniert. ●●

Berufsstart für Hochschulabsolventen
Erfolgsstrategien für Bewerbung und Vorstellung
(**1482**-1) Von Dr.W. Reichel, ca. 144 S., kart. ●●

freundin Ratgeber
Psychoterror am Arbeitsplatz
Mobbing
(**1434**-1) Von B. Huber, 160 S., kartoniert. ●●

freundin Ratgeber
Frau mit Kind
Leitfaden für Alleinerziehende
(**1476**-7) Von G. Teusen, ca. 144 S., kart. ●●

freundin
Kind und Beruf: (K)ein Problem
(**1322**-1) Von I. Weber, 168 Seiten, 14 Zeichnungen, kartoniert. ●●

freundin Ratgeber
Neu im Job: So überzeugen Sie
(**1259**-4) Von G. Teusen, 160 S., kart. ●●

Die ersten Tage am neuen Arbeitsplatz
Ratschläge für den richtigen Umgang mit Kollegen und Vorgesetzten
(**0855**-4) Von H. Friedrich, 104 Seiten, kart. ●

Zeugnisse im Beruf
richtig schreiben, richtig verstehen
(**0544**-X) Von H. Friedrich, 112 Seiten, kart. ●

Arbeitszeugnisse
verstehen und interpretieren
(**1444**-9) Von A. Nasemann, 136 S., kart. ●●

So lernt man leicht und schnell
Maschinenschreiben
Lehrbuch für Schulen, Lehrgänge und Selbstunterricht. (**0568**-7) Von M. Kempkes, 112 S., 48 Zeichnungen, kartoniert. ●●

FALKEN-Software
Maschinenschreiben und Tastaturtraining für Computer
(**7009**-8) Von B. Hoppius, Diskette 5 1/4" u. 3 1/2" für IBM-PC + Kompatible, mit Begleitheft. ●●●●●*

Leicht und schnell gelernt
Maschinenschreiben im Selbstunterricht
(**0170**-3) Von O. Fonfara, 88 S., kartoniert. ●

Buchführung leicht gemacht
Ein methodischer Grundkurs für den Selbstunterricht (**4238**-8) Von D. Machenheimer, R. Kersten, 252 Seiten, Pappband. ●●●●

Buchführung leicht gefaßt
Für Handwerker, Gewerbetreibende und freiberuflich Tätige.
(**0127**-4) Von R. Pohl, 104 S., kartoniert. ●

Stenografie leicht gelernt
im Kurus oder Selbstunterricht
(**0266**-1) Von H. Kaus, 64 S., kartoniert. ●

Gitarre spielen
Ein Grundkurs für den Selbstunterricht
(**0534**-2) Von A. Roßmann, 96 S., 1 Schallfolie, 150 Zeichnungen, kartoniert. ●●●

FALKEN & HOHNER: Workshop Musik
Gitarre spielen
Folk, Blues, Pop, Rock auf der akustischen Gitarre
Für Anfänger und Wiedereinsteiger
(**1437**-6) Von W. Ruß, ca. 80 S., Begleit-CD ca. 60 Min. Spieldauer, zahlreiche Illustrationen und Fotos, kartoniert. ●●●●

FALKEN & HOHNER: Workshop Musik
Keyboard spielen
Pop & Rock
Für Anfänger und Wiedereinsteiger
(**1435**-X) Von M. Lonardoni, ca. 80 Seiten, Begleit-CD, ca. 60 Min. Spieldauer, zahlreiche Illustrationen und Fotos, kartoniert. ●●●●

FALKEN & HOHNER: Workshop Musik
Singen
In Chor, Singgruppe und solo
Für Anfänger und Wiedereinsteiger
(**1436**-8) Von W. Layer, ca. 80 S., Begleit-CD ca. 60 Min. Spieldauer, zahlreiche Illustrationen und Fotos, kartoniert. ●●●●

Faszinierendes Erlebnis
Tierwelt
(**4706**-1) Von U. und W. Dolder, 196 Seiten, 314 Farbzeichnungen, Pappband. ●●●●

Das große Buch der
Antworten auf Kinderfragen
(**4477**-1) Von H. Hofmann, U. Kopp, G. Jankovics u.a., 192 Seiten, 308 Farbzeichnungen, Pappband. ●●●

FALKEN LEXIKON
Das Wissen unserer Zeit
(**4736**-3) Hrsg. Lexikographisches Institut, 1008 Seiten, 681 Farbfotos, 1142 Farbzeichn., Pappband. ●●●●

Das neue, farbige
Jugendlexikon
(**4472**-0) Von J. Frey, D. Rex, 304 Seiten, 269 und 52 s/w-Fotos, 6 Farbzeichnungen, Pappband. ●●●●

Das große farbige Kinderlexikon
(**4195**-0) Von U. Kopp, 320 S., 493 Farbabbildungen, 17 s/w-Fotos, Pappband. ●●●●

Kinder-Überraschung
(**1499**-6) Von M. Semmel, ca. 80 Seiten, durchgehend vierfarbig, kartoniert. ●●

Briefmarken sammeln
(**0481**-8) Von D. Stein, 120 S., 4 Farbtafeln, 98 s/w-Abbildungen, kartoniert. ●

Telefonkartenlexikon für Sammler
(**1406**-6) Von M. Burzan, ca. 160 Seiten, zahlreiche Farbabbildungen, kartoniert. ●●●

Telefonkarten sammeln
Serien · Preise · Sammeltips
(**1326**-4) Von M. Burzan, 128 S., 251 Farbfotos, kartoniert. ●●

Die Handschrift als Spiegel des Charakters
Graphologie
(**1025**-7) Von Dr. W. Busch, 104 S., 87 Schriftproben, kartoniert. ●

Familienforschung · Ahnentafel · Wappenkunde
Wege zur eigenen Familienchronik
(**0744**-2) Von P. Bahn, 128 S., 8 Farbtafeln, 30 Abbildungen, kartoniert. ●●

Familienforschung und Wappenkunde
(**4485**-2) Von P. Bahn, 224 S., 114 zweifarbige Abbildungen, Pappband. ●●●●●

freundin Ratgeber
Frauen allein auf Reisen
(**1260**-8) Von H. Guilino, 192 S., 7 Zeichnungen, kartoniert. ●●

Brain Building
Das Supertraining für Gedächtnis, Logik, Kreativität
(**4704**-5) Von M. vos Savant, 256 Seiten, Pappband. ●●●

Traumdeutung
Die Bildersprache unserer Traumwelt entschlüsseln
(**4486**-0) Von G. Fink, 384 Seiten, 74 zweifarbige Fotos, Pappband. ●●●●

Kinderträume
Ein Ratgeber für Eltern
(**4505**-0) Von G. Fink, 176 S., 6 s/w-Zeichnungen, Pappband. ●●●

Wahrsagen
mit den Karten der Madame Lenormand
(**1328**-0) Von B. A. Mertz, 108 Seiten, 39 s/w-Abbildungen, kartoniert. ●●

Die 12 Tierzeichen
Chinesisches Horoskop
(**0423**-0) Von G. Haddenbach, 88 Seiten, kartoniert. ●

Partnerschaftshoroskop
Glück und Harmonie mit Ihrem Traumpartner.
(**0587**-3) Von G. Haddenbach, 112 Seiten, 11 Zeichnungen, kartoniert. ●

Im Zeichen der Sterne
(**0951**-8) Der feurige Widder
(**0952**-6) Der willensstarke Stier
(**0953**-4) Die vielseitigen Zwillinge
(**0954**-2) Der feinfühlige Krebs
(**0955**-0) Der königliche Löwe
(**0956**-9) Die zuverlässige Jungfrau
(**0957**-7) Die charmante Waage
(**0958**-5) Der leidenschaftliche Skorpion
(**0959**-3) Der temperamentvolle Schütze
(**0960**-7) Der treue Steinbock
(**0961**-5) Der selbstbewußte Wassermann
(**0962**-3) Die romantischen Fische
Von G. Haddenbach, 64 Seiten, 35 Farbfotos, Pappband. ●

Das neue FALKEN
Computerlexikon
(**4356**-2) Von Dr. B. Kopp, 336 S., 121 s/w-Fotos, 184 Computergrafiken, Pappbd. ●●●●

Computer-Grundwissen
Eine Einführung in Funktion und Einsatzmöglichkeiten
(**4359**-7) Von Chr. T. Wolff, 176 S., 182 Farbfotos, kartoniert. ●●●●
(**4358**-9) Pappband. ●●●●

Der PC
(**4732**-0) Von U. u. H. Freund, 336 Seiten, 386 Farbfotos, Pappband. ●●●●●

freundin
Das Computerbuch für Frauen
(**4372**-4) Von M. Thiel, 176 S., 102 Farbfotos, 73 Zeichnungen, Pappband. ●●●●

Desktop Publishing: Typografie und Layout Seiten gestalten am PC · für Einsteiger und Profis
(**4330**-9) Von Dr. H. D. Baumann, M. Klein, 320 S., zahlreiche zweifarbige Abbildungen, Pappband. ●●●●●

PC HELP!
Wissenschaftliche Texte mit Word 5.5
(**4360**-0) Von P. Vogel, 80 S., 34 zweifarbige Screenshots, kartoniert. ●●

PC HELP!
Praktische Computernutzung mit Works 2.0
(**4369**-4) Von A. Görgens, 72 Seiten, 64 zweifarbige Screenshots, kartoniert. ●●

PC HELP!
DFÜ mit dem PC
(**4370**-8) Von M. Hofmann, 88 Seiten, 41 zweifarbige Screenshots, kartoniert. ●●

PC HELP!
Zeichnen mit dem PC
(**4361**-9) Von M. Hofmann, 88 S., 57 zweifarbige Screenshots, kartoniert. ●●

PC HELP!
Präsentation mit dem PC
(**4368**-6) Von M. Hofmann, 96 S., 47 zweifarbige screenshots, kartoniert. ●●

PC HELP!
CONFIG. SYS. und AUTOEXEC. BAT
Optimale Systemkonfiguration
(**4338**-4) Von A. Görgens, 64 S., ca. 50 s/w-Abbildungen und Grafiken, kartoniert. ●●

PC HELP!
DOS-Kommandos richtig nutzen
(**4339**-2) Von A. Görgens, 64 S., ca. 50 s/w-Abbildungen und Grafiken, kartoniert. ●●

PC HELP!
Die ersten Schritte mit dem PC
(**4344**-9) Von P. Vogel, H. Ebsen, 64 S., ca. 50 s/w-Abb. und Grafiken, kartoniert. ●●

PC HELP!
Mehr Speicher unter DOS nutzen
(**4345**-7) Von K. O. Kuhl, 64 S., ca. 50 s/w-Abbildungen und Grafiken, kartoniert. ●●

PC HELP!
Viren erkennen und beseitigen
(**4346**-5) Von M. Hofmann, 64 S., ca. 50 s/w-Abbildungen und Grafiken, kartoniert. ●●

DTP-Lexikon für die Praxis
(**4373**-2) 136 S., 55 s/w-Fotos, kart. ●●●

Gestalten mit Pagemaker für Windows
(**4375**-9) Von M. Hofmann, R. Titius, 116 S., 53 zweifbg. screenshots, kartoniert. ●●

Präsentationsprogramme richtig nutzen
(**4376**-7) Von M. Hofmann, 96 S., 60 zweifarbige screenshots, kartoniert. ●●

Datenaustausch 1
(**4378**-3) Von M. Hofmann, 104 Seiten, 63 zweifarbig. screenshots, kartoniert. ●●

Datenaustausch 2
(**4379**-1) Von M. Hofmann, 96 S., 34 zweifarbige screenshots, kartoniert. ●●

Update
MS-DOS 6.0
Beilage: Kurzreferenz
(**4385**-6) Von M. Hofmann, 136 S., 55 s/w-Fotos, kartoniert. ●●●

PC-Pannen selbst beheben
Hardware · Software
(**4383**-X) Von M. Hofmann, 144 S., kart. ●●●

Windows für Workgroups
(**4381**-3) Von P. Vogel, 80 S., 40 Screenshots, kartoniert. ●●

Essen und Trinken

Rezepte für 1 Person
(**1294**-2) Hrsg. M. Sauerborn, 64 S., 75 Farbfotos, kartoniert. ●

Schnell und individuell
Die raffinierte Single-Küche
(**4266**-3) Von F. Faist, 160 S., 151 Farbfotos, Pappband. ●●●●

Frischer Fang aus Fluß und Meer
Fisch
(**0964**-X) Von L. Grieser, 48 S., 52 Farbfotos, Pappband. ●●

Fischgerichte
(**1448**-1) Hrsg.: S. Koch, 64 S., ca. 50 Farbfotos, kartoniert. ●

Zart und edel
Lachs
(**1403**-1) Von H. Imhof, 64 S., 49 Farbfotos, Pappband. ●●

Geflügelgerichte
(**1348**-5) Hrsg. E. Meyer zu Stieghorst, 64 S., 71 Farbfotos, kartoniert. ●

Gaumenfreuden Tag für Tag
Pfannengerichte
(**1007**-9) Von S. Fabke, 64 S., 54 Farbfotos, Pappband. ●●

Köstliches für Genießer
Fleischgerichte
(**4699**-5) Von F. Stein, 144 S., ca. 100 Farbfotos, gebunden. ●●●

Schnitzel, Steaks & Co.
(**1417**-1) Von N. Frank, 64 Seiten, 68 Farbfotos, kartoniert. ●

Köstliches aus dem Tontopf
(**1332**-9) Hrsg. S. Kieslich, 64 Seiten, 55 Farbfotos, kartoniert. ●

Suppen und Eintöpfe
(**1449**-X) Hrsg.: S. Koch, 64 S., ca. 50 Farbfotos, kartoniert. ●

Aus eigener Küche
Gute Wurst
(**0948**-8) Von J. Bessel, G. Quaas, 80 Seiten, 8 Farbtafeln, kartoniert. ●

Aus lauter Lust und Liebe
Knoblauch
(**0867**-8) Von L. Reinirkens, 64 S., 45 Farbfotos, Pappband. ●●

Bintje, Irmgard und Sieglinde
Kartoffeln
(**1032**-X) Von S. Fabke, 64 S., 43 Farb- und 1 s/w-Foto, Pappband. ●

Kartoffelgerichte
(**1297**-7) Hrsg. I. Feldhaus, 64 S., 64 Farbfotos, kartoniert. ●

Nudelgerichte
(**1293**-4) Hrsg. E. Fuhrmann, 64 S., 66 Farbfotos, kartoniert. ●

Pasta in Höchstform
Nudeln
(**0884**-8) Von M. Kirsch, 64 S., 62 Farbfotos, Pappband. ●●

Spezialitäten unter knuspriger Decke
Aufläufe
(**0882**-1) Von C. Adam, 48 S., 33 Farbfotos, Pappband. ●●

Aufläufe
(**1295**-0) Hrsg. E. Fuhrmann, 64 S., 62 Farbfotos, kartoniert. ●

Die Krönung der feinen Küche
Saucen
(**0817**-1) Von G. Cavestri, 48 S., 40 Farbfotos, Pappband. ●●

Gemüsegerichte
(**1347**-7) Hrsg. E. Fuhrmann, 64 S., 58 Farbfotos, kartoniert. ●

Gemüseaufläufe
(**1365**-5) Hrsg. E. Fuhrmann, 64 S., 58 Farbfotos, kartoniert. ●

Die schönsten Rezepte für
Frühstück und Brunch
(**1063**-X) Von K. Kruse-Schorling, 80 Seiten, 8 Farbtafeln, kartoniert. ●

Schnelle Küche
Für 2 Personen
(**4718**-5) freundin-Kochstudio, 80 Seiten, 105 Farbf., Pappband. ●●

Kochen auf der richtigen Welle im
Grill-Mikrowellengerät
(**1395**-7) Von T. Peters, 96 S., 79 Farbfotos, kartoniert. ●●

Fritieren
(**1350**-7) Hrsg. I. Teitge, 64 S., 62 Farbf., kart. ●

Schnell auf den Tisch gezaubert
Kochen mit Mikrowellen
(**0818**-X) Von A. Danner, 64 S., 52 Farbfotos, Pappband. ●

Italienische Vorspeisen **Antipasti**
(**1006**-0) Von S. Reiter-Westphal, 64 Seiten, 47 Farbfotos, Pappband. ●●

Mexikanische Küche
(**1439**-2) Von C. Zingerling, 64 S., ca. 50 Farbfotos, kartoniert. ●

Italienische Küche
(**1299**-3) Hrsg. E. Fuhrmann, 64 S., 65 Farbfotos, kartoniert. ●

Schlemmerreise durch die
Italienische Küche
(**4172**-1) Von V. Pifferi, 160 S., 109 Farbfotos, Pappband. ●●●●

Spaghetti, Tagliatelle + Co.
Pasta all'Italiana
(**1004**-4) Von I. Seyric, 64 S., 57 Farbfotos, Pappband. ●●

Pizza
(**1352**-3) Hrsg. M. Sauerborn, 64 S., 72 Farbfotos, kartoniert. ●

Tradition mit Charme
Wiener Spezialitäten
(**1343**-4) Von G. Scolik, 64 S., 46 Farbfotos, Pappband. ●●

Schlemmerreise durch die
Französische Küche
(**4296**-5) Von H. Imhof, 160 S., 147 Farbfotos, 3 s/w-Fotos, Pappband. ●●●●

Schlemmerreise durch die
Spanische Küche
(**4500**-X) Von A. Puente, 160 S., ca. 120 Farbfotos, Pappband. ●●●●

Vom Bosporus zum Ararat
Türkische Spezialitäten
(**1191**-1) Von S. Dogan, 64 S., 44 Farbfotos, Pappband.●●

Indische Küche
(**1404**-X) Von C. Zingerling, 64 S., 64 Farbfotos, kartoniert. ●

Schlemmerreise durch die
Thailändische Küche
(**4722**-3) Von C. Zingerling, 144 Seiten, 164 Farbfotos, Pappband. ●●●●

Köstlich fernöstlich
Asiatische Spezialitäten
(**1286**-1) Von M. Carroll, E. Mognol, 64 S., 49 Farbfotos, Pappband. ●●

Chinesische Küche
(**1289**-6) Hrsg. M. Sauerborn, 64 S., 73 Farbfotos, kartoniert. ●

Schlemmerreise durch die
Chinesische Küche
(**4184**-5) Von K. H. Jen, 160 S., 117 Farbfotos, Pappband. ●●●

Gerichte aus dem
Wok
(**1291**-8) Hrsg. M. Sauerborn, 64 S., 76 Farbfotos, kartoniert. ●

Mit Lust und Liebe **Chinesisch Kochen**
(**4441**-0) Von Ho Fu-Lung, Uli Franz, 176 Seiten, 189 Farbfotos, 29 Zeichnungen, Pappband. ●●●●

Fernöstliche Küche
(**1384**-1) Hrsg. R. Faller, 64 S., 73 Farbfotos, kartoniert. ●

Rezepte für Tisch- und Gartengrill
(**1351**-3) Hrsg. V. Müller, 64 S., 59 Farbfotos, kartoniert.●

Braten auf dem heißen Stein
(**1300**-0) Hrsg. R. Donhauser, 64 S., 56 Farbfotos, kartoniert. ●

Rezepte rund um Raclette und Doppeldecker
(**0420**-6) Von J.W. Hochscheid, 72 S., 8 Farbtafeln, kartoniert. ●

Schlemmen in geselliger Runde
Fleischfondues
(**0966**-6) Von M. Spötter, 64 S., 62 Farbfotos, Pappband. ●●

Fondues und Raclettes
(**4253**-1) Von F. Faist, 160 S., 125 Farbfotos, Pappband. ●●●●

Fondues
(**1298**-5) Hrsg. E. Meyer zu Stieghorst, 64 S., 69 Farbfotos, kartoniert. ●

Rezepte fürs Raclette
(**1290**-X) Hrsg. S. Kieslich, 64 Seiten, 59 Farbfotos, kartoniert. ●

Raclette-Spezialitäten
(**0881**-3) Von F. Faist, 48 S., 33 Farbfotos, Pappband. ●

Knackige Salate
(**1441**-4) Hrsg.: S. Kieslich, 64 S., ca. 50 Farbfotos, kartoniert. ●

Gartenfrisch genießen
Feine Salate
(**4450**-X) Von P. Nikolay, 160 S., 122 Farbfotos, Pappband. ●●●●

Köstliche Salate
zum Verwöhnen
(**0222**-X) Von Chr. Schönherr, 96 S., 8 Farbtafeln, 30 Zeichnungen, kartoniert. ●

Salate
(**1346**-9) Hrsg. E. Furhmann, 64 S., 62 Farbfotos, kartoniert.●

Frisch und leicht als Hauptgericht
Schlemmersalate
(**0934**-8) Von C. Adam, 64 S., 49 Farbfotos, Pappband. ●●

Gesund und vielseitig **Alles mit Joghurt**
täglich selbstgemacht, mit vielen Rezepten
(**0382**-6) Von G. Volz, 64 S., 8 Farbtafeln, kartoniert. ●

Marmeladen, Gelees und Kompotte
(**1442**-2) Hrsg.: F. Stein, 64 S., ca. 50 Farbfotos, kartoniert. ●

Gesunde Ernährung für mein Kind
(**0776**-6) Von M. Bustorf-Hirsch, 112 Seiten, 8 Farbtafeln, 5 s/w-Zeichnungen, kartoniert. ●●

Eßschule
Gesunde Ernährung für Kinder im Grundschulalter
(**1314**-0) Von A. Roßmeier, 80 Seiten, 44 Farbfotos, 50 farbige Vignetten, Pappband. ●●

Lieblingsgerichte für Kinder
Mit Sonderteil: Gesunde Kost für Babys ab 6 Monaten
(**4497**-6) Von G. Righi-Spanfellner, 112 S., 27 Farbzeichnungen, Pappband. ●●●

Das essen Kinder gern
(**1405**-8) Hrsg. S. Faust, 64 S., 80 Farbfotos, kartoniert. ●

Mit Lust und Liebe ...
Vollwertküche für Genießer
(**4412**-4) Von Prof. Dr. C. Leitzmann, H. Million, 256 Seiten, 329 Farbfotos, Pappband. ●●●●

Vegetarisch kochen und genießen
Alle Gerichte für 2 Personen
(**4715**-0) Von Prof. Dr. C. Leitzmann, K. Dittrich, C. u. G. Kurz, 128 S., 132 Farbfotos, Pappband. ●●●●

Das große FALKEN
Vitaminkochbuch
für Genießer
(**4714**-2) Von Prof. Dr. troph. M. Hamm, A. Roßmeier, 208 S., 224 Farbfotos, Pappband. ●●●●

Schmackhafte Vollwertkost ohne tierisches Eiweiß
(**0993**-3) Von M. Bustorf-Hirsch, 96 Seiten, 54 Farbfotos, kartoniert. ●●

Cholesterinarm kochen und genießen
(**4442**-9) Von R. Unsorg, 168 S., 132 Farbfotos, kartoniert. ●●●●

Die aktuelle **Cholesterintabelle**
(**1088**-5) Von Dr. H. Oberritter, 84 Seiten, 12 zweifarbige Grafiken, kartoniert. ●

Die aktuelle Vitamin- und Mineralstofftabelle
Mit Angaben zu den wichtigsten Vitaminen und Mineralstoffen
(**1110**-5) Von Dr. H. Oberritter, 88 Seiten, 1 zweifarbige Grafik, kartoniert. ●

Die aktuelle E-Zusatzstoff-Tabelle
Über 750 Angaben zu Herkunft, Verwendung und möglichen Nebenwirkungen
(**1233**-0) Von T. Pilgram, E.Dahl, 80 Seiten, zweifarbig, kartoniert. ●

Vollwertküche für Diabetiker
Köstlich kochen und backen für die ganze Familie
(**4473**-9) Von Prof. Dr. C. Leitzmann, Prof. Dr. H. Laube, H. Million, 168 S., 172 Farbfotos, 8 Zeichnungen, Pappband. ●●●●

Kochen und backen für Diabetiker
Gesund und schmackhaft für die ganze Familie
(**4467**-4) Von Dr. med. M. Toeller, W. Schumacher, A. Groote, Dr. troph. A. Klischan, 176 S., 182 Farbfotos, Pappband. ●●●●

Die Sojaküche
Gesund und abwechslungsreich essen
(**0553**-9) Von U. Kolster, 80 S., 8 Farbtafeln, kartoniert. ●

Gesund kochen mit Keimen und Sprossen
(**0794**-9) Von M. Bustorf-Hirsch, 96 S., 4 Farbtafeln, 13 s/w-Zeichnungen, kartoniert. ●

Waffeln
Hörnchen, Pfannkuchen und Crèpes.
(**0522**-9) Von C. Stephan, 64 S., 8 Farbtafeln, kartoniert. ●

Waffeln
(**1296**-9) Hrsg. L. Steiger, 64 S., 73 Farbfotos, kartoniert. ●

Fruchtige Pfannkuchen und Crêpes
(**1446**-5) Von S. Fabke, 64 S., ca. 50 Farbfotos, kartoniert. ●

Mehr Freude und Erfolg beim
Brotbacken
(**4148**-9) Von A. und G. Eckert, 160 Seiten, 177 Farbfotos, Pappband. ●●●●

Meine Vollkornbackstube
Brot · Kuchen · Aufläufe. (**0616**-0) Von R. Raffelt, 96 S., 4 Farbtafeln, 12 Zeichnungen, kartoniert. ●

Mit Honig, Nuß und Mandelkern
Weihnachtsplätzchen
(**1287**-X) Von H. Jaacks, 64 S., 48 Farbfotos, Pappband. ●●

Backen ohne Zucker
(**1234**-9) Von H. Erkelenz, 80 S., 8 Farbtafeln, kartoniert. ●

Süße Geheimnisse eiskalt gelüftet
Eis und Sorbets
(**0870**-8) Von H. W. Liebheit, 48 S., 38 Farbfotos, Pappband. ●●

Haltbarmachen in der Öko-Küche
Gesunde Konservierungsmethoden für Obst, Gemüse, Kräuter und Pilze. (**0923**-2) Von M. Bustorf-Hirsch, 120 S., 92 Farbabbildungen, kartoniert. ●●

Komm, koch und back mit mir
Kunterbuntes Kochvergnügen für Kinder.
(**4285**-X) Von S. und H. Theilig, illustriert von B. v. Hayek, 112 S., 45 Farbabbildungen, Pappband. ●●

Lieblingsgerichte für Kinder
Kerngesund und kunterbunt
(**4497**-6) Von G. Righi-Spanfellner, 112 Seiten, 27 Farbzeichnungen, Pappband. ●●●

Lirum, larum, Löffelstiel ...
Kinder kochen mit Knuddel
(**1094**-X) Von U. Bültjer, 80 S., 27 zweifarbige Zeichnungen, kartoniert. ●

Backe, backe Kuchen ...
Kinder backen mit Knuddel
(**1301**-9) Von U. Bültjer, 64 S., 34 Farbfotos, 60 Farbzeichn., kartoniert. ●

Mit Lust und Liebe
Garnieren und Verzieren
Dekoratives zu vielen Anlässen
(**4496**-8) Von M. Müller, E. Pratsch, H. Krieg, 160 Seiten, ca. 100 Farbfotos, Pappband. ●●●●

Mit Lust und Liebe **Kalte Platten & Buffets**
Anrichten und Garnieren
(**4427**-5) Von P. Grotz, 176 S., 228 Farbfotos, Pappband. ●●●●

Köstliches ganz leicht gezaubert
Raffinierte Rezepte rund um den Stabmixer
(**1453**-8) Von U. Kochendörfer, 96 Seiten, 84 Farbfotos, kartoniert. ●●

Garnieren und Verzieren
(**4236**-1) Von R. Biller, 160 S., 329 Farbfotos, 57 Zeichnungen, Pappband. ●●●●

Köstlichkeiten für Gäste und Feste
Kalte Platten
(**4200**-0) Von I. Pfliegner, 160 S., 130 Farbfotos, Pappband. ●●●●

Sandwich, Toasts & Co.
(**1331**-0) Von F. Faist, 64 Seiten, 62 Farbfotos, kartoniert. ●

Quiches, Tartes
und andere pikante Kuchen
(**1407**-4) Hrsg. I. Teitge, 64 S., 70 Farbf., kart. ●

freundin
Snacks
(**4521**-2) Von V. Müller, 80 S., 87 Farbfotos, Pappband.●●●

Kochen und backen mit Käse
(**1451**-1) Hrsg.: F. Stein, 64 S., ca. 50 Farbfotos, kartoniert. ●

Raffiniert kombiniert, schön dekoriert
Käseplatten
(**1192**-X) Von S. Carlsson, 64 S., 57 Farbfotos, Pappband.●●

FALKEN
Festival der schön gedeckten Tische
(**4738**-X) Von A. F. Endress, 204 S., 116 Farbfotos, 83 Farbzeichnungen, Pappbd. ●●●●

Der perfekt gedeckte Tisch
(**1028**-1) Von H. Tapper, 80 S., 161 Farbfotos, 13 Zeichnungen, kartoniert. ●●

Der schön gedeckte Tisch
Vom einfachen Gedeck bis zur Festtafel stimmungsvoll und perfekt arrangiert. (**4246**-1) Von H. Tapper, 112 S., 206 Farbfotos, 21 s/w-Abbildungen, Pappband. ●●●

Servietten falten
80 Ideen für schön gedeckte Tische
(**1042**-7) Von M. Müller, O. Mikolasek, 80 S., 289 Farbfotos, 50 Zeichnungen, kart. ●●

Phantasievolle Tischdekorationen selber machen
(**0984**-4) Von Y. Thalheim, H. Nadolny, 80 S., 174 Farbfotos, 21 Zeichnungen, kart. ●●

Servietten dekorativ falten
Geschmackvolle Anregungen aus Stoff und Papier. (**0804**-X) Von H. Tapper, 32 Seiten, 134 Farbfotos, Pappband. ●

Weine und Säfte, Liköre und Sekt
selbstgemacht.
(**0702**-7) Von P. Arauner, 232 S., 76 Abb., kartoniert. ●●●

Was Weinfreunde wissen wollen
Fragen und Antworten rund um den Wein
(**1224**-1) Von Prof. Dr. K. Röder, H.-G. Dörr, ca. 224 Seiten, kartoniert. ●●

FALKEN Mixbuch
(**4733**-9) Hrsg. P. Bohrmann, 560 Seiten, 227 Farbfotos, Pappband. ●●●●

Vitamindrinks
(**1408**-2) Von H. Reith, W. Hubert, 64 Seiten, 68 Farbfotos, kartoniert. ●

Köstlich, cremig, sahnig, frisch
Mixen mit Milch
(**1151**-2) Von S. Carlsson, 64 S., 45 Farbfotos, Pappband.●

Milchmixgetränke
(**1450**-3) Von S. Carlsson, 64 S., ca. 50 Farbfotos, kartoniert. ●

Cocktails und Drinks
(**1292**-6) Hrsg. S. Kieslich, 64 S., 70 Farbfotos, kartoniert. ●

Bowlen und Punsche
(**1447**-3) Hrsg.: F. Brandl, 64 S., ca. 50 Farbfotos, kartoniert. ●

Fruchtig, spritzig, eisgekühlt
Mixen ohne Alkohol
(**0935**-6) Von S. Späth, 64 S., 44 Farbfotos, Pappband. ●●

Longdrinks
(**1345**-0) Hrsg. E. Meyer zu Stieghorst, 64 S., 79 Farbfotos, kartoniert. ●

Light Drinks
Mixen mit und ohne Alkohol
(**1222**-5) Von S. Edelberg, Heike Reith, 64 S., 48 Farbfotos, Pappband. ●●

Cocktails
(**4267**-1) Von W. R. Hoffmann, W. Hubert, U. Lottring, 160 S., 164 Farbfotos, 1 s/w-Foto, Pappband. ●●●●

Cocktails und Mixereien
für häusliche Feste und Feiern. (**0075**-8) Von J. Walker, 96 S., 4 Farbtafeln, kartoniert. ●

Das Fitmacher-Kochbuch
(**4698**-7) Von Prof. Dr. troph. M. Hamm, 112 S., ca. 100 Farbfotos, gebunden. ●●●

Schlank und gesund nach Dr. Hay
Schnelle Trennkostküche
(**4746**-0) Von H. Harper, 80 S., ca. 80 Farbfotos, kartoniert. ●●

Schlank werden nach Dr. Hay **Trennkost**
Die bewährten Vollwert-Rezepte von Ursula Summ. (**4298**-1) Von U. Summ, 96 Seiten, 54 Farbfotos, 1 Zeichnung, kartoniert. ●●

Das große Buch der Trennkost
Neue Rezepte von Ursula Summ
(**4498**-4) Von U. Summ, 144 S., ca. 100 Farbfotos, Pappband. ●●●

Gesund leben nach Dr. Hay
Cholesterinarme Trennkost
Neue Vollwert-Rezepte von Ursula Summ
(**4475**-5) Von U. Summ, 96 Seiten, 52 Farbfotos, kartoniert. ●●

Die neue Trennkost
(**4685**-5) Von U. Summ, 96 Seiten, 71 Farbfotos, kartoniert. ●●●

Das kleine 1 x 1 der Trennkost
(**1428**-7) Von S. Carlsson, 64 S., ca. 50 Farbfotos, kartoniert. ●

Schlank nach Maß
mit der Diät-Computerwaage
(**1064**-8) Von K. Alisch, 104 S., 8 Farbtafeln, kartoniert. ●

Gesundes Essen für Berufstätige
Die 4-Wochen-Vollwertkur (**1065**-6) Von M. Weber, ca. 80 S., 8 Farbtafeln, kart. ●

Garten

FALKEN Gartenjahr
(**4730**-4) Von K. Greiner, A. Weber, P. Michaeli-Achmühle, 320 Seiten, 380 Farbabbildungen, Pappband. ●●●●

Garten heute
Der moderne Ratgeber · Über 1000 Farbbilder. (**4283**-3) Von H. Jantra, 384 S., über 1000 Farbabbildungen, Pappband. ●●●●

Helmut Jantras Gartenbuch
Obst · Gemüse · Blumen
(**4522**-0) Von H. Jantra, 200 S., 395 Farbfotos, 123 Farbzeichnungen, 25 Tabellen, Pappband. ●●

1000 ganz bewährte Garten-Tips
(**4453**-4) Von H. Jantra, 320 S., 288 zweifbg. und 62 s/w-Zeichn., , Pappband. ●●●

Obst, Gemüse, Blumen, Gras
Gärtnern macht den Kindern Spaß
(**4517**-4) Von U. Krüger, 96 S., 85 Farbfotos, 180 Farbzeichznungen, Pappband. ●●

Rosen
(**4692**-8) Von H. Steinhauer, ca. 144 S., zahlr. Farbabbildungen Pappband. ●●●●●

Rosen
Auswahl · Pflege · Gestaltung
(**1183**-0) Von H. Jantra, 120 S., 200 Farbfotos, 20 Farbzeichnungen, 8 Bepflanzungspläne, kartoniert. ●●

Bunte Pracht der Stauden
Auswahl · Pflege · Gestaltung
(**1376**-0) Von H. Jantra, 112 S., 167 Farbabbildungen, kartoniert. ●●●

Erfolgstips für den Obstgarten
Gesunde Früchte durch richtige Sortenwahl und Pflege
(**0827**-9) Von F. Mühl, 184 S., 16 Farbtafeln, 33 Zeichnungen, kartoniert. ●●

Erfolgstips für den Gemüsegarten
Mit naturgemäßem Anbau zu höherem Ertrag. (**0674**-8) Von F. Mühl, 80 Seiten, 30 s/w-Fotos, 4 Zeichnungen, kartoniert. ●●

Obstgehölze sachgemäß schneiden
(**1127**-X) Von P. G. Wilhelm, 136 Seiten, 8 s/w-Abb., 367 Zeichnungen, kart.●●

Kompost im Hausgarten
herstellen und anwenden
(**1258**-6) Von H. Abels, J. Jöstingmeier, ca. 30 zweifarbige Zeichnungen, kart. ●

Der naturgemäße Zier- und Wohngarten
Anlegen · Gestalten · Pflegen
(**0748**-5) Von I. Gabriel, 128 S., 72 Farbfotos, 46 Farbzeichnungen, kartoniert. ●●

Natürlich gärtnern unter Glas und Folie
Anbauen und ernten rund ums Jahr
(**0722**-1) Von I. Gabriel, 128 S., 62 Farbfotos, 45 Farbzeichnungen, kartoniert. ●●

Nützliche Tiere im Garten
(**1472**-4) Von I. Polaschek, ca. 112 Seiten, ca. 120 Farbf., ca. 10 Farbzeichn., kartoniert. ●●

Schneckenbekämpfung
giftfrei und naturgemäß
(**1378**-7) Von B. Meyer, Y. Thalheim, 64 S., 25 s/w-Zeichnungen, 8 Farbtafeln, kart. ●●

Dekorative Kübelpflanzen
Auswahl und Plfege
(**1074**-5) Von H. Jantra, 112 S., 180 Farbfotos, 35 Farbzeichnungen, kartoniert. ●●

Blütenpracht auf Balkon und Terrasse
(**0928**-3) Von M. Haberer, 88 S., 139 Farbfotos, kartoniert. ●●

Moderne Gartengestaltung
(**1255**-1) Von K. Greiner, A. Weber, 128 S., mit Rasterbogen und Planelementen zum Ausschneiden, ca. 120 Farbfotos, ca. 20 vierfarbige Pläne, kartoniert. ●●●

Gestaltungsideen für
Schöne Gärten
(**4482**-8) Von H. Jantra, 168 S., 309 Farbfotos, 3 s/w-Fotos, , Pappband. ●●●●●

Der pflegeleichte Hausgarten
(**1170**-9) Von H. Jantra, 112 S., vierfarbige Abbildungen, kartoniert. ●●

Schöne Kräutergärten
(**1256**-X) Von H. Jantra, 112 S., vierfarbige Abbildungen, kartoniert. ●●

Kleingärten
Planen · Anlegen · Pflegen
(**1015**-X) Von H. Jantra, 88 S., 123 Farbfotos, 1 s/w-Foto, 14 Farbzeichnungen, , kart. ●●

Reihenhausgärten
Planen · Anlegen · Pflegen
(**1016**-8) Von H. Jantra, 104 S., 134 Farbfotos, 45 Farbzeichnungen, kartoniert. ●●

Kletterpflanzen
Mit Sonderteil Dachbegrünung
(**4546**-8) Von U. Mehl, K. Werk, 128 S., ca. 150 Farbfotos, farbige und s/w-Zeichnungen, Pappband. ●●●●●

Steingärten Wirkungsvoll gestalten und sachgerecht pflegen
(**4452**-6) Von A. Throll-Keller, 128 Seiten, 203 Farbfotos, 56 Farbzeichnungen, Pappband. ●●●●

Gartenteiche, Tümpel und Weiher
naturnah anlegen und pflegen
(**1073**-7) Von Dr. F. Liedl, H. Goos, 80 Seiten, 87 Farbfotos, 39 Farbzeichnungen, kart. ●●

Wasser im Garten
Von der Vogeltränke zum Naturteich · Natürliche Lebensräume selbst gestalten.
(**4230**-2) Von H. Hendel, P. Keßeler, 240 S., 315 Farbabb., 11 s/w-Fotos, Pappband. ●●●●●

Pflanzen und Tiere für den Gartenteich
(**1171**-7) Von W. Costa, 128 S., 169 Farbfotos, 40 Farbzeichnungen, 8 Bepflanzungspläne, kartoniert. ●●

Gestaltungsideen für den Wohngarten
Sitzplätze, Terrassen, Höfe und andere grüne Räume
(**4751**-7) Von H. Jantra, ca. 120 Seiten, ca. 100 Farbfotos und -zeichnungen, gebunden. ●●●●

Wintergärten
Das Erlebnis, mit der Natur zu wohnen. Planen, Bauen und Gestalten.
(**4256**-6) Von LOG ID, 136 S., 130 Farbfotos, 107 Zeichnungen, Pappband. ●●●●●

Rund ums Jahr erfolgreich gärtnern
Gewächshäuser
planen · bauen · einrichten · nutzen
(**4408**-9) Von Dr. G. Schoser, J. Wolff, 232 S., 368 Farbabb., 5 s/w-Fotos, Pappbd. ●●●●●

Das moderne Handbuch **Zimmerpflanzen**
(**4416**-X) Von H. Jantra, 304 S., 766 Farbfotos, 64 Farb- und 19 s/w-Zeichnungen, Pappband. ●●●●

365 Erfolgstips für schöne Zimmerpflanzen
(**0893**-7) Von H. Jantra, 144 S., 215 Farbfotos, kartoniert. ●●

Dekorative Blattpflanzen
Auswahl und Pflege
(**1128**-8) Von H. Jantra, 128 S., 198 Farbfotos, 20 Farbzeichnungen, kartoniert. ●●

Arbeitskalender für Zimmergärtner
(**1473**-2) Von H. Jantra, 112 Seiten, ca. 120 Farbfotos, kartoniert. ●●

Prof. Stelzers grüne Sprechstunde
Gesunde Zimmerpflanzen
Krankheiten erkennen und behandeln. Mit neuem Diagnosesystem.
(**4274**-4) Von Prof. Dr. G. Stelzer, 192 Seiten, 410 Farbfotos, 10 s/w-Zeichnungen, Pappband. ●●●●

Hydrokultur
Pflanzen ohne Erde – mühelos gepflegt.
(**0944**-5) Von H.-A. Rotter, 144 S., 167 Farbfotos, 13 Farbzeichnungen, kartoniert. ●●

Gesunde Pflanzen in
Hydrokultur
(**1257**-8) Von H.-A. Rotter, 80 Seiten, ca. 60 s/w-Zeichnungen, 8 Farbtafeln, kartoniert. ●

Bonsai Japanische Miniaturbäume und Miniaturlandschaften. Anzucht, Gestaltung und Pflege.
(**4091**-1) Von B. Lesniewicz, 160 S., 106 Farbfotos, 46 s/w-Fotos, 115 Zeichnungen, gebunden. ●●●●●

Kakteen
Auswahl · Pflege · Vermehrung
(**1429**-5) Von G. Andersohn, ca. 120 S., zahlr. Farbabbildungen, kartoniert. ●●●

Tiere

Grzimek Juniors **BUNTE TIERWELT**
(**4295**-7) Von Chr. Grzimek, 208 S., 308 Farbfotos, Pappband. ●●●●

Hunde
Rassen · Ausbildung · Pflege · Zucht
(**4118**-7) Von H. Bielfeld, 192 S., 222 Farb- und 73 s/w-Abb., Pappband. ●●●●

Das neue Hundebuch
Rassen · Aufzucht · Pflege (**0009**-X) Von W. Busack, überarbeitet von Dr. med. vet. A. H. Hacker und H. Bielfeld, 112 S., 8 Farbtafeln, 27 s/w-Fotos, 6 Zeichnungen, kartoniert. ●

Alles über Dackel, Teckel und Dachshunde
(**1079**-6) Von M. Wein-Gysae, 80 Seiten, 46 Farbfotos, 2 zweifarbige Zeichnungen, kartoniert. ●●

Hundeausbildung
Verhalten · Gehorsam · Ausbildung
(**0346**-3) Von R. Menzel, 88 S., 26 Fotos, kartoniert. ●

Grundausbildung für Gebrauchshunde
Schäferhund, Boxer, Rottweiler, Dobermann, Riesenschnauzer, Airedaleterrier, Hovawart und Bouvier.
(**0801**-5) Von M. Schmidt und W. Koch. 104 S., 8 Farbtafeln, 51 s/w-Fotos, 5 s/w-Zeichnungen, kartoniert. ●●

Der Hund in der Familie
(**1014**-1) Von J. Werner, 128 S., 106 Farbfotos, kartoniert. ●●

Der Deutsche Schäferhund
(**1091**-5) Von U. Förster, 112 S., 47 Farbzeichnungen, 2 s/w-Fotos, kartoniert. ●●

Der Deutsche Schäferhund
Aufzucht · Pflege und Ausbildung
(**0073**-1) Von A. Hacker, 104 S., 56 Abb., kart. ●

Alles über junge Hunde
(**0863**-5) Von Dr. med. vet. E. M. Bartenschlager, 64 S., 49 Farbfotos, 6 Zeichnungen, kartoniert. ●●

Richtige Hundeernährung
(**0811**-2) Von Dr. med. vet. E. M. Bartenschlager, 80 S., 51 Farbf., 4 Farbzeichn, kart. ●●

Hundekrankheiten
(**1077**-X) Von Dr. med. vet. R. Spangenberg, 96 S., 44 Farb- und 1 s/w-Foto, 22 Farbzeichnungen, kartoniert. ●●

Von Ajax bis Zamperl
Die beliebtesten Hunde-Namen
(**1174**-1) Von H.-J. Schließke, 96 Seiten, kart. ●

Die Katze in der Familie
(**1076**-1) Von U. Birr, 136 S., 112 Farbf., kart. ●●

Katzen
Rassen · Verhalten · Pflege · Zucht
(**4158**-6) Von B. Gerber, 176 S., 294 Farb- und 88 s/w-Fotos, Pappband. ●●●●

Das neue Katzenbuch
Rassen · Aufzucht · Pflege.
(**0427**-3) Von B. Eilert- Overbeck, 120 Seiten, 14 Farbfotos, 26 s/w-Fotos, kartoniert. ●

Katzenkrankheiten
erkennen und behandeln
(**1078**-8) Von Dr. med. vet. R. Spangenberg, 104 S., 40 Farbfotos und 11 Farbzeichnungen, kartoniert. ●●

Junge Katzen
(**0862**-7) Von Dr. med. vet. E. M. Bartenschlager, 72 S., 40 Farbfotos, 4 Farbzeichnungen, kartoniert. ●●

Pferde
(**4186**-1) Von H. Werner, 176 S., 196 Farb- und 50 s/w-Fotos, 100 Zeichnungen, Pappband. ●●●●

Reiten auf Gangpferden
Isländer, Pasos, Saddlehorses und andere Freizeitpferde
(**4716**-9) Von Dr. med. vet. H. Jung, ca. 112 S., zahlreiche Abbildungen, kartoniert. ●●●

Reiten im Bild
(**0415**-X) Von H. Werner, 128 S., 142 Farbfoyos, 107 Farbzeichnungen, kartoniert. ●●

Der Hobby-Imker
(**0978**-X) Von Dr. R. F. A. Moritz, 144 S., 106 zweifarbige Zeichnungen, kart. ●●

Geflügelhaltung als Hobby
(**0749**-3) Von M. Baumeister, H. Meyer, 184 S., 8 Farbtafeln, 47 s/w-Fotos, 15 zweifarbige Zeichnungen, kartoniert. ●●●

Sittiche und kleine Papageien
(**0864**-3) Von Dr. med. vet. E. M. Bartenschlager, 88 S., 84 Farbfotos, 9 Zeichnungen, kartoniert. ●●

Alles über Großsittiche
(**1320**-5) Von H. Bielfeld, 88 S., 88 Farbfotos, 3 Farbzeichnungen, kartoniert. ●●

Alles über Wellensittiche
(**1129**-6) Von H. Bielfeld, 64 S., 53 Farbfotos, 3 Zeichnungen, kartoniert. ●●

Alles über Kanarienvögel
(**0901**-1) Von H. Schnoor, 64 S., 58 Farbfotos und Zeichnungen, kartoniert. ●●

Nymphensittiche
Auswahl · Haltung · Pflege
(**1474**-0) Von F. Moll, ca. 64 Seiten, durchgehend vierfarbig, kartoniert. ●●

Beos
Haltung · Pflege · Zucht
(1475-9) Von M. Wagner, ca. 64 Seiten, durchgehend vierfarbig, kartoniert. ●●

Elternlose Jungvögel
Erste Hilfe · Aufzucht · Auswilderung
(**1319**-1) Von I. Polaschek, 80 S., 80 Farbfotos, 5 Farbzeichnungen, kartoniert. ●●

Diskusfische
Arten · Haltung · Pflege
(**1432**-5) Von H. Hirsch, 64 Seiten, 43 Farbfotos, kartoniert. ●●

Die Tiersprechstunde
Gesunde Fische im Süßwasseraquarium
(**1013**-3) Von H. J. Mayland, 96 S., 73 Farbfotos, 10 Zeichnungen, kartoniert. ●●

Alles über Zwerg- und Goldhamster
(**1012**-5) Von M. Mettler, 96 S., 96 Farbfotos, kartoniert. ●●

Alles über Chinchillas und Degus
(**1130**-X) Von M. Mettler, 96 S., 80 Farbfotos, 3 Zeichnungen, kartoniert. ●●

Alles über Meerschweinchen
(**0809**-0) Von Dr. med. vet. E. M. Bartenschlager, 72 S., 43 Farbfotos, 11 Farbzeichnungen, kartoniert. ●●

Alles über Zwergkaninchen
(**1075**-3) Von M. Mettler,. 64 S., 52 Farbfotos, kartoniert. ●●

Alles über Rennmäuse
(**1318**-3) Von M. Mettler, 80 S., 74 Vignetten, kartoniert. ●●

Sport und Fitneß

Neue Lehrmethoden der Judo-Praxis
(**0424**-9) Von P. Herrmann, 223 S., 475 Abb., kartoniert. ●●

Judo perfekt 1
(**1249**-7) Von K. Fuchs, 128 S., kartoniert. ●●

Judo perfekt 2
Wettkampftechniken im Stand
(**1461**-9) Von K. Fuchs, ca. 144Seiten, kartoniert. ●●

Fußwürfe
für Judo, Karate und Selbstverteidigung.
(**0439**-7) Von H. Nishioka, übers. von H. J. Heese, 96 S., 260 Abb., kartoniert. ●●

Karate 1
zur Selbstverteidigung
(**1312**-4) Von M. Nakayama, 96 Seiten, 315 s/w-Fotos, 5 Zeichn., kartoniert. ●●

Karate 2
zur Selbstverteidigung
(**1362**-0) Von M. Nakayama, 96 Seiten, 245 s/w-Fotos, kartoniert. ●●

Nakayamas Karate perfekt 1
Einführung.
(**0487**-7) Von M. Nakayama, 136 Seiten, 605 s/w-Fotos, kartoniert. ●●

Nakayamas Karate perfekt 2
Grundtechniken.
(**0512**-1) Von M. Nakayama, 136 Seiten, 354 s/w-Fotos, 53 Zeichnungen, kart. ●●

Nakayamas Karate perfekt 3
Kumite 1: Kampfübungen.
(**0538**-5) Von M. Nakayama, 128 Seiten, 424 s/w-Fotos, kartoniert. ●●

Nakayamas Karate perfekt 4
Kumite 2: Kampfübungen.
(**0547**-4) Von M. Nakayama, 128 Seiten, 394 s/w-Fotos, kartoniert. ●●

Nakayamas Karate perfekt 5
Kata 1: Heian, Tekki.
(**0571**-7) Von M. Nakayama, 144 Seiten, 1229 s/w-Fotos, kartoniert. ●●

Nakayamas Karate perfekt 6
Kata 2: Bassai-Dai, Kanku-Dai.
(**0600**-4) Von M. Nakayama, 144 Seiten, 1300 s/w-Fotos, 107 Zeichnungen, kart. ●●

Nakayamas Karate perfekt 7
Kata 3: Jitte, Hangetsu, Empi.
(**0618**-7) Von M. Nakayama, 144 Seiten, 1988 s/w-Fotos, 105 Zeichnungen, kart. ●●

Nakayamas Karate perfekt 8
Gankaku, Jion.
(**0650**-0) Von M. Nakayama, 144 Seiten, 1174 s/w-Fotos, 99 Zeichnungen, kart. ●●

Karate
(**2308**-1) Von A. Pflüger, 96 S., 134 Farbfotos, 4 s/w-Zeichnungen, kartoniert. ●●

Bo-Karate
Hanbo-Jitsu – die Techniken des Stockkampfes.
(**0447**-8) Von G. Stiebler, 176 S., 424 s/w-Fotos, 38 Zeichnungen, kartoniert. ●●

Karate 1
Einführung · Grundtechniken.
(**0227**-0) Von A. Pflüger, 144 S., 195 s/w-Fotos, 120 Zeichnungen, kartoniert. ●

Karate 2
Kombinationstechniken · Katas.
(**0239**-4) Von A. Pflüger, 176 S., 452 s/w-Fotos und Zeichnungen, kartoniert. ●●

Karate Kata 1
Heian 1–5, Tekki 1, Bassai-Dai.
(**0683**-7) Von W.-D. Wichmann, 164 Seiten, 703 s/w-Fotos, kartoniert. ●●

Karate Kata 2
Jion, Empi, Kanku-Dai, Hangetsu.
(**0723**-X) Von W.-D. Wichmann, 140 Seiten, 661 s/w-Fotos, 4 Zeichnungen, kart. ●●

Karate Kata 3
Bassai Sho, Kanku Sho, Nijushiho, Sochin.
(**1120**-2) Von W.-D. Wichmann, 144 Seiten, 598 s/w-Fotos, 4 Grafiken, kart. ●●

Dragon – der Drache
Die Bruce-Lee-Story
(**1415**-5) Von L. Lee, 192 S., 257 s/w-Fotos, kartoniert. ●●●

Bruce Lees Kampfstil 1
Grundtechniken
(**0473**-7) Von B. Lee, M. Uyehara, 109 Seiten, 220 Abbildungen, kartoniert. ●

Bruce Lees Kampfstil 2
Selbstverteidigungs-Techniken
(**0486**-9) Von B. Lee, M. Uyehara, 128 Seiten, 310 Abb., kartoniert. ●

Bruce Lees Kampfstil 3
Trainingslehre
(**0503**-2) Von B. Lee, M. Uyehara, 112 Seiten, 246 Abbildungen, kartoniert. ●

Bruce Lees Kampfstil 4
Kampftechniken
(**0532**-7) Von B. Lee, M. Uyehara, 104 Seiten, 211 Abbildungen, kartoniert. ●

Bruce Lee Kung-Fu
zur Selbstverteidigung
(**1399**-X) Von B. Lee, 104 Seiten, 120 s/w-Abbildungen, kartoniert. ●●

Chuck Norris
Meine Karatetechnik
Erfolgreich in Angriff und Abwehr
(**1460**-0) Von C. Norris, 128 Seiten, kartoniert. ●

Shaolin Kung-Fu 1
Grundlagen chinesischer Kampfkunst
(**1363**-9) Von C. D. Yao, R. Fassi, 124 Seiten, 207 s/w-Fotos, 30 s/w-Zeichn., kart. ●●●

Shaolin Kung-Fu 2
Kampftechniken für Angriff und Abwehr
(**1416**-3) Von C. D. Yao, R. Fassi, 144 Seiten, 581 s/w-Abb., kartoniert. ●●

Kung-Fu 1
Legende · Philosophie · Grundtechniken
(**0891**-0) Von Chr. Yim, 152 S., 401 s/w-Fotos, 2 s/w-Zeichnungen, kartoniert. ●●

Kung-Fu und Thai-Chi
Grundlagen und Bewegungsabläufe
(**0367**-6) Von B. Tegner, 182 Seiten, 370 s/w-Fotos, kartoniert. ●●

Kung Fu
Theorie und Praxis klassischer und moderner Stile
(**0376**-5) Von M. Pabst, 160 Seiten, 330 Abbildungen, kartoniert. ●●

Bruce Lees Jeet Kune Do
(**0440**-0) Von B. Lee, 192 S., mit 105 eigenhändigen Zeichnungen von B. Lee, kartoniert. ●●●

Shaolin-Kempo – Kung-Fu
Chinesisches Karate im Drachenstil.
(**0395**-1) Von R. Czerni, K. Konrad, 246 S., 723 Abbildungen, kartoniert. ●●

Kickboxen
Fitneßtraining und Wettkampfsport.
(**0795**-7) Von G. Lemmens, 96 S., 208 s/w-Fotos, 23 Zeichnungen, kartoniert. ●●

Ninja 1
Die Lehre der Schattenkämpfer.
(**0758**-2) Von S. K. Hayes, übers. von J. Schmit, 144 Seiten, 137 s/w-Fotos, kartoniert. ●●

Ninja 2
Die Wege zum Shoshin.
(**0763**-9) Von S. K. Hayes, übers. von J. Schmit, 160 S., 309 s/w-Fotos, 2 Zeichnungen, kartoniert. ●●

Ninja 3
Der Pfad des Togakure-Kämpfers.
(**0764**-7) Von S. K. Hayes, übers. von J. Schmit, 144 S., 197 s/w-Fotos, 2 Zeichnungen, kartoniert. ●●

Ninja 4
Das Vermächtnis der Schattenkämpfer.
(**0807**-4) Von S. K. Hayes, übers. von J. Schmit, 196 Seiten, 466 s/w-Fotos, kartoniert. ●●

Taekwondo perfekt 1
Die Formenschule bis zum Blaugurt.
(**0890**-2) Von K. Gil, Kim Chul-Hwan, 176 Seiten, 439 s/w-Fotos, 107 Zeichnungen, kartoniert. ●●

Taekwondo perfekt 2
Die Formenschule vom Blau- bis zum Schwarzgurt.
(**0976**-3) Von K. Gil, K. Chul-Hwan, 192 Seiten, 461 s/w-Fotos, 112 Zeichnungen, kartoniert. ●●

Taekwondo perfekt 3
(**1068**-0) Von K. Gil, K. Chul-Hwan, 200 S., 429 s/w-Fotos, kartoniert. ●●●

Taekwondo perfekt 4
(**1250**-0) Von K. Gil, 160 S., zahlr. s/w-Fotos und Schrittdiagramme, 17 Übungstafeln zum Herausnehmen, kart. ●●●

Ju-Jutsu 1
Grundtechniken · Moderne Selbstverteidigung.
(**0276**-9) Von W. Heim, F. J. Gresch, 164 S., 450 s/w-Fotos, 8 Zeichn., kartoniert. ●●

Ju-Jutsu 2
für Fortgeschrittene und Meister.
(**0378**-1) Von W. Heim, F. J. Gresch, 160 S., 798 s/w-Fotos, kartoniert. ●●

Ju-Jutsu 3
Spezial-, Gegen- und Weiterführungs-Techniken · Stockkampfkunst.
(**0485**-0) Von W. Heim, F. J. Gresch, 200 S., über 600 s/w-Fotos, kartoniert. ●●

Aikido
Lehren und Techniken des harmonischen Weges.
(**0537**-7) Von R. Brand, 280 Seiten, 697 Abbildungen, kartoniert. ●●

Hap Ki Do
Koreanische Selbstverteidigung nach dem Lehrsystem des Großmeisters.
(**0379**-X) Von Kim Sou Bong, 112 Seiten, 152 Abbildungen, kartoniert. ●●

Dynamische Tritte
Grundlagen für den Zweikampf.
(**0438**-9) Von C. Lee, 96 S., 398 s/w-Fotos, 10 Zeichnungen, kartoniert. ●●

Super-Tritte
(**1248**-9) Von W. Wallace, 136 S., kart. ●●

Selbstverteidigung
Abwehrtechniken für Sie und Ihn.
(**0853**-8) Von E. Deser, 96 S., 259 s/w-Fotos, kartoniert. ●

Die Faszination athletischer Körper
Bodybuilding
mit Weltmeister Ralf Möller.
(**4281**-7) Von R. Möller, 128 Seiten, 169 Farbfotos, 14 s/w-Fotos, 1 Farbzeichnung, Pappband. ●●●●

Ladyfitneß
Das neue Körperbewußtsein der Frau
Bodyshaping · Körperpflege · Ernährung · Entspannung
(**4433**-X) Von Prof. Dr. S. Starischka, B. Grabis, D. von Cramm, G. W. Kienitz, 128 S., 227 Farbfotos, Pappband. ●●●●

Bodybuilding für Frauen
Wege zu Ihrer Idealfigur
(**0661**-6) Von H. Schulz, 112 S., 84 s/w-Fotos, 4 Zeichnungen, kartoniert. ●

Bodybuilding
Anleitung zum Muskel- und Konditionstraining für sie und ihn
(**0604**-7) Von R. Smolana, 160 S., 171 s/w-Fotos, kartoniert. ●●

Bodybuilding
(**2314**-6) Von L. Spitz, 112 S., 203 Farbabbildungen, 10 Tabellen. ●●

Leistungsfähiger durch Krafttraining
Eine Anleitung für Fitness-Sportler, Trainer und Athleten.
(**0617**-9) Von W. Kieser, 96 S., 20 s/w-Fotos, 62 Zeichnungen, kartoniert. ●

Krafttraining
Wirbelsäulengerechte Übungen an und mit Geräten
(**1309**-4) Von A. Balk, 48 S., 8 Bildtafeln, Spiralbindung. ●●●

Muskeltraining mit Hanteln
Leistungssteigerung für Sport und Fitneß
(**0676**-4) Von H. Schulz, 104 S., 92 s/w-Fotos, 2 Zeichnungen, kartoniert. ●

Ausdauertraining
Einführung und Grundtechniken
(**1396**-5) Von G. Eyting, 32 S., 41 Farbfotos, 21 Farbzeichn., kartoniert. ●●●

Hanteltraining zu Hause
(**0800**-7) Von W. Kieser, 80 S., 71 s/w-Fotos, 4 Zeichnungen, kartoniert. ●

Optimale Ernährung
für Krafttraining und Bodybuilding.
(**0912**-7) Von B. Dahmen, 88 S., 8 Farbtafeln, 8 Zeichnungen, kartoniert. ●●

Aufwärmen
Übungen und Programme für Sport und Spiel
(**1311**-6) Von Dr. H. Wolff, 40 S., 8 Bildtafeln, Spiralbindung. ●●●

Fitneßtraining
Empfohlen vom Deutschen Sportbund
(**1245**-4) Von Marianne Schreiber, 32 Seiten, Spiralbindung mit Ausklapptafeln. ●●

Wirbelsäulengymnastik
Empfohlen vom Deutschen Sportbund
(**1246**-2) Von L. Keller, 40 Seiten, Spiralbindung mit Ausklapptafeln. ●●●

Aerobics
Low Impact, High-Impact, Step-Aerobic
(**1421**-X) Von M. Freytag-Baumgartner, 44 S., 3 Farbtafeln, 84 Farbfotos, 16 s/w-Fotos, Spiralbindung, kartoniert. ●●●

Stretching
Empfohlen vom Deutschen Sportbund
(**1247**-0) Von A. Balk, 40 Seiten, Spiralbindung mit Ausklapptafeln. ●●

Isometrisches Training
Übungen für Muskelkraft und Entspannung.
(**0529**-6) Von L. M. Kirsch, 104 S., 150 s/w-Fotos, kartoniert. ●●

Stretching
Mit Dehnungsgymnastik zu Entspannung, Geschmeidigkeit und Wohlbefinden.
(**0717**-5) Von H. Schulz, 80 S., 90 s/w-Fotos, kartoniert. ●

Stretching
(**2304**-9) Von B. Kurz, 96 S., 255 Farbfotos, kartoniert. ●●

Gesund und fit durch Gymnastik
(**0366**-8) Von H. Pilss-Samek, 88 Seiten, 130 Abbildungen, kartoniert. ●

Funktionelles Körpertraining
Grundlagen und Bewegungsprogramme
(**1367**-1) Von A. Balk, 40 S., 100 Farbfotos, kartoniert. ●●●

Spielerisch zur Kondition
Über 100 Trainingsspiele zur Verbesserung von Ausdauer, Schnelligkeit, Kraft und Beweglichkeit
(**1214**-4) Von U. Stumpp, 120 S., 30 Grafiken, kartoniert. ●●●

AOK-Videothek
Top-Form Gymnastik
Ein Bewegungsprogramm für pfundige Leute
(**6144**-7) VHS, ca. 30 Minuten, in Farbe.●●●●*

Fit und frisch
Gymnastik für die ganze Familie
(**6501**-9) Von G. Sieber, 104 S., 306 Farbfotos, 5 Farbzeichnungen, kart., mit Audiokassette, Laufzeit 30 Min. ●●●

Sportjahr 93
Rekorde · Siege · Schicksale · Ergebnisse
Mit Sonderteil Leichtathletik-WM
(**4690**-1) 176 Seiten, 373 Farbfotos, Pappband. ●●●

Freeclimbing
Technik und Training
(**1251**-9) Von T. Strobl, 144 Seiten, durchgehend vierfarbig, kartoniert. ●●●

Fechten
Florett · Degen · Säbel.
(**0449**-4) Von E. Beck, 88 Seiten, 185 Fotos, 10 Zeichnungen, kartoniert. ●●

SportRegeln Volleyball
(**1368**-X) 88 S., 5 Farbtafeln, 19 s/w-Fotos, kartoniert. ●●

Fußball
(**2309**-X) Von H. Obermann, P. Walz, 112 Seiten, 47 Farbfotos, 18 Farb- und 25 s/w-Zeichnungen, kartoniert. ●●

Sepp Maier
Super-Torwart-Training
(**4451**-8) Von S. Maier, 168 S., 30 Farb- und 34 s/w-Fotos, 236 zweifarbige Zeichnungen, Pappband. ●●●●

Fußballtraining für Kinder und Jugendliche
Spiel- und Übungsformen zu Technik und Taktik
(**1463**-5) Von S. Asmus u. a., ca. 128 Seiten, durchgehend vierfarbig, kartoniert. ●●

SportRegeln
American Football
(**1165**-2) 136 S., 18 s/w-Fotos, kartoniert.●

Streetball
Technik · Taktik · Spiel
(**1465**-1) Von J. Bezler und T. Paganetti, ca. 80 Seiten, durchgehend vierfarbig, kartoniert. ●●

Handball
Technik · Taktik · Regeln.
(**0426**-5) Von F. und P. Hattig, 128 Seiten, 91 s/w-Fotos, 121 Zeichnungen, kart. ●●

Handball
Grundlagen für Training und Spiel
(**2321**-9) Von H.-P. Oppermann, 120 Seiten, 39 Farbtafeln, 12 s/w-Fotos, 108 Farbzeichnungen, kartoniert. ●●

SportRegeln Handball
Die offiziellen Regeln
Wissenswertes von A bis Z
(**1099**-6) 88 Seiten, 32 s/w-Fotos, 14 Zeichnungen, kartoniert. ●

SportRegeln Rugby
Die offiziellen Regeln
Wissenswertes von A bis Z
(**1216**-0) 96 Seiten, zahlreiche zweifarbige Abbildungen, kartoniert. ●

Tennis
Technik · Taktik · Regeln.
(**0375**-7) Von W. u. S. Taferner, 112 Seiten, 81 Abbildungen., kartoniert. ●

SportRegeln Tennis
Die offiziellen Regeln
Wissenswertes von A bis Z
(**1097**-4) 88 S., 24 s/w-Fotos, 6 Zeichnungen, kartoniert. ●

Tischtennis-Technik
Der individuelle Weg zu erfolgreichem Spiel.
(**0775**-2) Von M. Perger, 144 Seiten, 296 Abbildungen, kartoniert. ●●

SportRegeln Tischtennis
Die offiziellen Regeln
Wissenswertes von A bis Z (**1252**-7) 96 S., zahlreiche zweifarbige Abb., kart. ●

Badminton
Technik · Taktik · Training.
(**0699**-3) Von K. Fuchs, L. Sologub, 168 S., 51 Abbildungen, kartoniert. ●●

SportRegeln
Badminton
(**1101**-6) 84 S., kartoniert.●

Squash
(**2311**-1) Von P. Langhammer, R. Michna, 96 S., 86 Farbfotos, 13 Farbzeichn., kartoniert. ●●

Squash
Ausrüstung · Technik · Regeln
(**0539**-3) Von D. von Horn, H.-D. Stünitz, 96 S., 55 s/w-Fotos, 25 Zeichnungen, kart. ●

SportRegeln Squash
Wissenswertes von A bis Z
(**1100**-8) 64 S., 11 s/w-Fotos, 23 Zeichnungen, kartoniert. ●

Darts
Technik · Taktik · Spiel
(**1466**-X) Von R.W. Sohlbach, ca. 112 S., kart. ●●

Golf
Neue Wege zum erfolgreichen Spiel
(**4509**-3) Von O. Heuler, ca. 144 S., zahlr. Farbabbildungen, Pappband. ●●●●●

SportRegeln Golf
(**1315**-9) 96 S., 19 s/w-Fotos, kartoniert. ●

Golf
Ausrüstung und Technik.
(**0343**-9) Von J. C. Jessop, 96 S., 57 Abb., Anhang Golfregeln des DGV, kart. ●

Eishockey
Lauf- und Stocktechnik, Körperspiel, Taktik, Ausrüstung und Regeln.
(**0414**-1) Von J. Čapla, 264 S., 548 s/w-Fotos, 163 Zeichnungen, kartoniert. ●●●

SportRegeln
Eishockey
(**1098**-2) 116 Seiten, kartoniert.●

Billard
Grundstöße · Viertelbillard und Freie Partie
(**1313**-2) Von Dr. H. Stingel, 112 Seiten, 196 Zeichnungen, kartoniert, ●●●

Grundlagen für Training und Spiel
Pool-Billard
(**2318**-9) Von B. Pejcic, R. Meyer, 96 S., durchgehend vierfarbig, kartoniert. ●●

Pool-Billard
(**0484**-2) Herausgegeben vom Deutschen Pool-Billard-Bund. Von M.Bach, K.-W. Kühn, 104 S., 64 Abbildungen, kartoniert. ●

FALKEN Video
Reiten
Von der ersten Stunde bis zum Ausritt
(**6097**-1) VHS, ca. 60 Min., in Farbe, mit Begleitheft.●●●●*

Reiten
(**2322**-7) Von T. Eckholt, 128 S., durchgehend vierfarbig, kartoniert. ●●

Tanzstunde
Das Welttanzprogramm leicht gelernt
(**4409**-2) Von G. Hädrich, 164 S., 489 s/w-Fotos, 63 Zeichnungen, Pappband. ●●●

Wir lernen Tanzen
(**0200**-9) Von E. Fern, 152 S., 119 s/w-Fotos, 47 Zeichnungen, kartoniert. ●●

Anmutig und fit durch
Bauchtanz
(**0911**-9) Von Marta, 120 S., 229 Farbfotos, 6 s/w-Zeichnungen, kartoniert. ●●●

Segeln
(**1364**-X) Von H. Mönster u.a., ca. 128 Seiten, durchgehend vierfarbig, zahlr. Abbildungen, kartoniert. ●●●

Sporttauchen
Theorie und Praxis des Gerätetauchens
(**0647**-0) Von S. Müßig, 144 S., 8 Farbtafeln, 35 s/w-Fotos, 89 Zeichnungen, kart. ●●

Fit mit Sporttauchen
(**2320**-0) Von Dr. F. Naglschmid, 112 Seiten, 71 Farbfotos, 21 Zeichnungen, kart. ●●

Angelfischerei von Aal bis Zander
Fische · Geräte · Technik.
(**0324**-2) Von H. Oppel, 72 Seiten, 16 Farbtafeln, 49 s/w-Abb., kartoniert. ●●

Angeln
Kleine Fibel für den Sportfischer.
(**0198**-3) Von E. Bondick, 80 Seiten, 4 Farbtafeln, 116 Abbildungen, kartoniert. ●

Snowboarding
Ausrüstung · Fahrtechnik · Wettkämpfe
Videokassette (**6139**-0) VHS, ca. 45 Min., in Farbe. ●●●●*

Fibel für Kegelfreunde
Sport- und Freizeitkegeln · Bowling
(**0191**-6) Von G. Bocsai, 72 Seiten, 62 Abb., kartoniert ●

111spannende Kegelspiele
(**2031**-7) Von H. Regulski, 80 S., 53 Zeichnungen, kartoniert. ●

Mensch und Gesundheit

Der moderne Ratgeber
Wir werden Eltern
Schwangerschaft · Geburt · Erziehung des Kleinkindes.
(**4269**-8) Von B. Nees-Delaval, 376 Seiten, 335 2-farbige Abb., Pappband. ●●●●

Ich freue mich auf mein Baby
Ratgeber und Tagebuch für die Schwangerschaft
(**4711**-8) Von E. Portz-Schmitt, 184 S., 18 Farbfotos, 72 Farbzeichn., Pappband. ●●●●

Ich bekomme ein Baby
Wegweiser für Schwangerschaft und Geburt
(**1254**-3) Von B. Nees-Delaval, 144 Seiten, durchgehend zweifarbig, kartoniert. ●●

Wenn der Mensch zum Vater wird
Ein heiter-besinnlicher Ratgeber
(**4259**-0) Von D. Zimmer, 160 S., 20 Zeichnungen, Pappband. ●●●

AOK Bibliothek
Schwangerschaftsgymnastik und Geburtsvorbereitung
(**1423**-6) Von L. Keller, 112 S., 137 Farbfotos, 12 Farbzeichnungen, kartoniert. ●●●

Vorbereitung auf die Geburt und
Schwangerschaftsgymnastik
Atmung, Rückbildungsgymnastik,
(**0251**-3) Von S. Buchholz, 112 Seiten, 98 s/w-Fotos, kartoniert. ●

AOK-Bibliothek
Rückbildungsgymnastik
Informationen, Tips und Übungen
(**1470**-8) Von L. Keller, ca. 112 Seiten, zahlreiche Farbfotos und Farbillustrationen, kartoniert. ●●●*

AOK-Videothek
FALKEN Video
Rückbildungsgymnastik
Informationen, Tips und Übungen
(**6176**-5) Laufzeit ca. 30 Minuten. ●●●●*

Die Kunst des Stillens
nach neuesten Erkenntnissen
(**0701**-9) Von Prof. Dr. med. E. Schmidt, S. Brunn, 112 S., 20 Fotos und Zeichnungen, kartoniert. ●

Der große FALKEN BabyKurs
Pflege · Ernährung · Entwicklung · Erziehung
(**4739**-8) Von K. Schutt, ca. 352 Seiten, ca. 400 Farbfotos, gebunden. ●●●

Das Babybuch
Pflege · Ernährung · Entwicklung
(**0531**-8) Von A. Burkert, 96 Seiten, 76 zweifarbige Zeichnungen, 22 s/w-Zeichnungen, kartoniert. ●●

Babyfitneß
Massage, Spiele, Gymnastik und Schwimmen für Kinder im 1. Lebensjahr
(**1034**-6) Von G. Zeiß, 112 Seiten, 179 zweifarbige Illustrationen, , kartoniert. ●●

Wenn Kinder krank werden
Medizinischer Ratgeber für Eltern
(**4240**-X) Von B. Nees-Delaval, 232 Seiten, 163 Zeichnungen, Pappband. ●●●

Keinen Mann um jeden Preis
Das neue Selbstverständnis der Frau in der Partnerbeziehung
(**4440**-2) Von Shere Hite, Kate Colleran, 208 Seiten, Pappband. ●●●

Total verknallt ... und keine Ahnung?
Alles über Liebe, Sex und Zärtlichkeit
(**1024**-9) Von H. Bruckner, R. Rathgeber, 104 S., 38 Abbildungen, kartoniert. ●●

Streicheleinheiten für Körper und Seele
Partnermassage
(**4444**-5) Von Chr. Unseld-Baumanns, 136 S., 145 Farbfotos, Pappband. ●●●●

Partner gesucht
Die besten Tips und Strategien fürs Kennenlernen
(**1481**-3) Von Dr. C. Harmsen, 128 Seiten, kartoniert. ●●

freundin Ratgeber
Glück braucht Mut
Die Psycho-Logik des Jens Corssen
(**1176**-8) Von J. Corssen, B. Schmidt, 160 S., kartoniert. ●●

freundin Ratgeber
Die faire Trennung
Wie man mit Anstand auseinandergeht
(**1477**-5) Von I. Weber, ca. 144 S., kart. ●●

Angst und Panik
Ursachen · Symptome · Therapie
(**1422**-8) Von Prof. Dr. H.-R. Lückert, 176 S., kartoniert. ●●●

Wörterbuch der Medizin
(**4535**-2) 400 Seiten, 229 Farbfotos, Pappband. ●●●●

Bildatlas des menschlichen Körpers
(**4177**-2) Von G. Pogliani, V. Vannini, 112 Seiten, 402 Farbabbildungen, 28 s/w-Fotos, Pappband. ●●●●

Richtig essen bei
Nahrungsmittelallergien
(**4745**-2) Von Dr. med. C. Thiel, A. Ilies, 128 S., ca. 90 Farbf., gebunden. ●●●

Nahrungsmittelallergien
So ernähren Sie sich richtig!
(**0913**-5) Von Priv.-Doz. Dr. med. Dr. med. habil. J. von Mayenburg, Prof. Dr. med. Dr. phil. S. Borelli, E. Polster, 136 S., kart. ●●

Neurodermitis
Ursachen · Ganzheitliche Behandlung · Selbsthilfe
(**1218**-7) Von Prof. Dr. med. Dr. phil. S. Borelli, 144 S., kartoniert. ●●

Bluthochdruck
Risikofaktoren · Vorbeugung · Behandlung
(**1125**-3) Von Prof. Dr. med. D. Klaus, R. Unsorg, G. Leibold, 152 S., 25 Farbfotos, 22 Farbzeichnungen, kartoniert. ●●●

Arteriosklerose
Risikofaktoren/Vorbeugung/Therapie
Richtige Ernährung bei erhöhtem Cholesterinspiegel.
(**1020**-6) Von Prof. Dr. med. G. Assmann, Dr. troph. U. Wahrburg, 192 S., 84 farb. Abb., 4 s/w-Zeichnungen, kartoniert. ●●●

Asthma
Pseudokrupp, Bronchitis und Lungenemphysem
Krankheitsbilder · Diagnose · Therapie
(**1126**-1) Von Prof. Dr. med. W. Schmidt, S. Ertelt, 152 S., 110 zweif. Zeichn., kart. ●●●

Risiko Herzinfarkt
Empfohlen von der Deutschen Herzstiftung
(**1217**-9) Von C. Halhuber, M. J. Halhuber, 152 S., 38 Farb- und 8 s/w-Zeichnungen, kartoniert. ●●●

So arbeitet das Immunsystem
Funktionsweise · Störungen · Natürliche Stärkung
(**1253**-5) Von V. Friebel, J. Ledvina, A. Roßmeier, 168 S., 18 Farbtafeln, 38 zweifarbige Zeichnungen, kartoniert. ●●●

Diabetes
Krankheitsbild, Therapie, Kontrollen, Schwangerschaft, Sport, Urlaub, Alltagsprobleme. Neueste Erkenntnisse der Diabetesforschung. (**0895**-3) Von Dr. med. H. J. Krönke, 120 S., 4 Farbtafeln, 14 s/w-Fotos, 13 s/w-Zeichnungen, kartoniert. ●

AOK-Bibliothek
Gesunde Haut
Ratgeber für Pflege und Gesundheit
(**1468**-6) Von Dr. med. J. Müller und Dr. med. K.-U. Schmidt, ca. 112 Seiten, zahlr. Abbildungen, durchgehend vierfarbig, kart. ●●●

Naturkosmetik
Die Grundlagen gesunder und natürlicher Hautpflege.
(**1080**-X) Von N. E. Haas, 120 Seiten, 63 Farbabbildungen, kartoniert. ●●

Die sanfte Art des Heilens
Homöopathie
Praktische Anwendung und Arzneimittellehre
(**4418**-X) Von J. H. P. Kreuter, 216 S., 49 Zeichnungen, Pappband. ●●●

Aromatherapie
Gesundheit und Entspannung durch ätherische Öle.
(**1131**-8) Von K. Schutt, 96 S., 40 zweifarbige Abbildungen, kartoniert. ●●

Heilatmen
Ein Weg zu Lebenskraft und innerer Harmonie
(**1047**-8) Von K. Schutt, 112 S., 57 zweifarbige Abbildungen, kartoniert. ●●

Bewährte Naturheilverfahren bei
Herz-Kreislauf-Erkrankungen
(**1084**-2) Von Dr. med. O. Wolff, G. Leibold, 104 Seiten, kartoniert. ●

Risiko Herzinfarkt
(**1217**-9) Von Dr. C. Halhuber, Prof. Dr. M. J. Halhuber, 160 S., durchgehend zweifarbig, kartoniert. ●●●

Krebsangst und Krebs behandeln
Mit einem Vorwort von Prof. Dr. med. Friedrich Douwes.
(**0839**-2) Von G. Leibold, 104 Seiten, kartoniert. ●

Bewährte Naturheilverfahren bei
Krebs
(**1082**-6) Hrsg. H.-R. Heiligtag, 88 Seiten, kartoniert. ●

Heilen mit Blütenenergien
nach Dr. Bach
(**1141**-5) Von J. Wenzel, ca. 96 S., kartoniert. ●

Bewährte Naturheilverfahren bei
Migräne und Schlafstörungen
(**1081**-8) Von G. Leibold, Dr. med. H. Chr. Scheiner, 112 Seiten, kartoniert. ●

Gesunder Schlaf
Schlafstörungen ohne Medikamente erfolgreich behandeln.
(**1036**-2) Von D. H. Alke, 88 S., 22 s/w-Abb., mit Audiokassette, kartoniert. ●●●

Natürliche Behandlungsmethoden bei
Rückenschmerzen
Massage · Gymnastik · Entspannung
(**4447**-X) Von Prof. Dr. med. H. Hess, K. Eder, H.-J. Montag, K. Schutt, 152 S., 168 Farbabbildungen, Pappband. ●●●

TELE-Rückenschule
Wohlbefinden durch bewußte Körpererfahrung
(**1310**-8) Von K. Haak, 64 S., 19 Farb-, 24 s/w-Fotos, 24 Zeichnungen, 2 Ausklapptafeln, mit Audiokassette, kartoniert. ●●●●

TELE-Rückenschule
Wohlbefinden durch bewußte Körpererfahrung
Videokassette (**6108**-0) VHS, ca. 60 Min., in Farbe, mit Broschüre. ●●●●*

Rheuma behandeln und lindern
Mit einem Vorwort von Dr. med. Max-Otto Bruker.
(**0836**-8) Von G. Leibold, 96 Seiten, kartoniert. ●

Besser sehen durch Augentraining
Ein Gesundheitsprogramm zur Verbesserung des Sehvermögens.
(**0914**-3) Von K. Schutt, B. Rumpler, 96 S., 32 s/w-Zeichnungen, kartoniert. ●●

So arbeitet das
Immunsystem
(**1253**-5) Von V. Friebel, I. Ledvina, A. Roßmeier, 192 Seiten, durchgehend zweifarbig, kartoniert. ●●●

Allergien behandeln und lindern
Mit einem Vorwort von Prof. Dr. med. Axel Stemmann.
(**0840**-6) Von G. Leibold, 96 Seiten, 4 Zeichnungen, kartoniert. ●

Enzyme
Vitalstoffe für die Gesundheit
(**0677**-2) Von G. Leibold, 96 S., kartoniert. ●

Besser leben durch Fasten
(**0841**-4) Von G. Leibold, 96 S., kartoniert. ●

Massagetechniken und Heilanzeigen
Reflexzonentherapie
(**4404**-6) Von G. Leibold, 128 Seiten, 53 Farbzeichnungen, Pappband. ●●●

Akupressur zur Eigenbehandlung
(**0417**-6) Von G. Leibold, 112 S., 78 Abb., kartoniert.●

Shiatsu-Massage
Harmonisierung der Energieströme im Körper
(**0615**-2) Von G. Leibold, 196 S., 180 Abb., kartoniert. ●●●

Fußsohlenmassage
Heilanzeigen · Technik · Selbsthilfe
(**0714**-0) Von G. Leibold, 96 S., 38 Zeichnungen, kartoniert. ●

Entspannung und Schmerzlinderung durch
Massage
(**0750**-7) Von B. Rumpler, K. Schutt, 112 S., 116 zweifarbige Zeichnungen, kartoniert. ●

Gesundheit und Entspannung durch
Massage
(**1317**-5) Von K. Schutt, 168 S., 126 Farbfotos., 61 Farbzeichnungen, kartoniert. ●●●

Gesundheit für Körper und Seele
Entspannung
(**1471**-6) Von K. Schutt, ca. 80 Seiten, durchgehend zweifarbig, kartoniert, Audiokassette ca. 60 Minuten Laufzeit. ●●●●

Entspannung
(**0834**-1) Von Dr. Med. Chr. Schenk, 88 S., 29 Zeichnungen, kartoniert. ●

Autogenes Training
Ein Programm zur Streßbewältigung
(**1278**-0) Von Dr. P. Kruse, B. Pavlekovic, K. Haak, 112 S., durchgehend zweifarbig, kartoniert. ●●●

Erfolg und Lebensfreude durch
Autogenes Training und Psychokybernetik
(**1035**-4) Von D. H. Alke, 80 Seiten, 2 s/w-Zeichnungen, mit Audiokassette, kartoniert. ●●●

Chinesisches Schattenboxen
Tai-Ji-Quan
für geistige und körperliche Harmonie
(**0850**-3) Von F.T. Lie, 120 S., 221 s/w-Fotos, 9 s/w-Zeichnungen, Beilage: 1 s/w-Poster mit zahlreichen Abbildungen, kartoniert. ●●

AOK-Bibliothek
Qi-Gong im Alltag
Chinesische Atem- und Bewegungsübungen
(**1316**-7) Von L. U. Schoefer, ca. 80 Seiten, durchgehend vierfarbig, zahlreiche Fotos, kartoniert. ●●

AOK-Bibliothek
Qi-Gong im Alltag
Chinesische Atem- und Bewegungsübungen
(**1427**-9) Von L. U. Schoefer, ca. 80 Seiten, durchgehend vierfarbig, zahlreiche Fotos, kartoniert, mit Audiokassette. ●●●●

AOK-Videothek
Qi-Gong im Alltag
Chinesische Atem- und Bewegungsübungen
(**6179**-X) Von L. U. Schoefer, ca. 60 Minuten Laufzeit. ●●●●

Yoga für jeden
(**1277**-2) Von K. Zebroff, 144 Seiten, Spiralbindung, durchgehend vierfarbig, kartoniert. ●●●

Yoga
Weg zur Harmonie
(**4417**-8) Von A. Harf, W. von Rohr, 176 S., 171 Farbf., 12 s/w-Zeichn., Pappband. ●●●●

Yoga gegen Haltungsschäden und Rückenschmerzen
(**0394**-3) Von A. Raab, 104 S., 215 Abb., kart. ●

AOK-Bibliothek
Radwandern
für die Gesundheit
(**1369**-8) Von S. Kälberer, J.–U. Knoll, 128 S., 126 Farbfotos, kartoniert. ●●●

AOK-Bilbliothek
Osteoporose
Vorbeugen · Diagnose · Behandlung
(**1371**-X) Von A. Baumgarten, 96 S., 74 Farbfotos, 17 Farbzeichn., kartoniert. ●●●

AOK-Bibliothek
Erkältungskrankheiten
Vorbeugung und Behandlung
(**1372**-8) Von G. Leibold, 112 S., 74 Farbfotos, 7 Farbzeichn., kartoniert. ●●●

AOK-Bibliothek
Krankenpflege zu Hause
Anleitungen, Tips und Informationen
(**1373**-6) Von S. Hof, 104 S., 68 Farbfotos, 32 Farbzeichn., kartoniert. ●●●

PfundsKur Kochbuch
(**4726**-6) Von F. Metzler, 112 S., 81 Farbfotos, Pappband. ●●●

Fit ohne Fett
Die neue PfundsKur
(**1370**-1) Von Prof. Dr. V. Pudel, 128 Seiten, kartoniert. ●

Die aktuelle
Ballaststofftabelle
(**1288**-8) Von Dr. H. Oberritter, 80 Seiten, kartoniert. ●

Neue Rezepte für **Diabetiker-Diät**
Vollwertig · abwechslungsreich · kalorienarm
(**0418**-4) Von M. Oehlrich, 96 S., 8 Farbtafeln, kartoniert. ●

Diät bei Herzkrankheiten und Bluthochdruck
Rezeptteil von B. Zöllner
(**3202**-1) Von Prof. Dr. med. H. Rottka, 92 S., 4 Farbtafeln, kartoniert. ●●

Diät bei Erkrankungen der Nieren, Harnwege und bei Dialysebehandlung
Rezeptteil von B. Zöllner.
(**3203**-X) Von Prof. Dr. med. Dr. h. c. H. J. Sarre und Prof. Dr. med. R. Kluthe, 96 S., 33 Farbfotos, 1 s/w-Zeichnung, kartoniert. ●●

Diät bei Gicht und Harnsäuresteinen
Rezeptteil von B. Zöllner.
(**3205**-6) Von Prof. Dr. med. N. Zöllner, 112 S., 35 Farbtafeln, kartoniert. ●●

Diät bei Zuckerkrankheit
Rezeptteil von B. Zöllner (**3206**-4) Von Prof. Dr. med. P. Dieterle, 112 S., 42 Farbfotos, 4 vierfarbige Vignetten, 1 s/w-Zeichnung, kartoniert. ●●

Diät bei erhöhtem Cholesterinspiegel und anderen Fettstoffwechselstörungen
Rezeptteil von B. Zöllner.
(**3208**-0) Von Prof. Dr. med. G. Wolfram, 102 S., 32 Farbfotos, kartoniert. ●●

Ballaststoffreiche Kost bei Funktionsstörungen des Darms
Rezeptteil von B. Zöllner.
(**3212**-9) Von Prof. Dr. med. H. Kasper, 96 Seiten, 34 Farbfotos, 1 s/w-Foto, kartoniert. ●●

Diät bei Krankheiten des Magens und Zwölffingerdarms
Rezeptteil von B. Zöllner
(**3201**-3) Von Prof. Dr. med. H. Kaess, 96 Seiten, 35 Farbfotos, 1 s/w-Zeichnung, kartoniert. ●●

Diät bei Krankheiten der Gallenblase, Leber und Bauchspeicheldrüse
Rezeptteil von B. Zöllner.
(**3207**-2) Von Prof. Dr. med. H. Kasper, 88 Seiten, 35 Farbfotos, 1 s/w-Zeichnung, , kartoniert. ●●

Video

Hobby Aquarellmalen
Landschaft und Stilleben
(**6022**-X) VHS, 40 Min., in Farbe, mit Begleitheft. ●●●●*

Hobby Ölmalerei
Landschaft und Stilleben
(**6025**-4) VHS, 40 Min., in Farbe, mit Begleitheft. ●●●●*

Seidenmalerei
leicht gemacht
(**6173**-0) VHS, ca. 30 Min., in Farbe ●●●●*

Basteln mit Kindern
(**6041**-6) VHS, 60 Min., in Farbe, mit Vorlagen in Originalgröße, mit Begleitheft. ●●●*

Die Modelleisenbahn
Anlagenbau in Modultechnik
(**6028**-9) VHS, 30 Min., in Farbe. ●●●●*

Golf
(**6053**-X) VHS, 60 Min., in Farbe, mit Begleitheft. ●●●●●*

Reiten
(**6097**-1) VHS, ca. 60 Min., in Farbe, mit Begleitbroschüre. ●●●●*

Karate
Einführung und Grundtechniken
(**6037**-8) VHS, ca. 45 Min., in Farbe, mit Begleitbroschüre. ●●●●*

Skigymnastik perfekt
(**6052**-1) VHS, ca. 60 Min., in Farbe, mit Begleitbroschüre. ●●●●●*

Snowboarding
(**6139**-0) VHS, ca. 45 Min., in Farbe, mit Broschüre.●●●●*

Pflanzenjournal
Blumen- und Pflanzenpflege im Jahreslauf
(**6036**-X) VHS, 30 Minuten, mit Begleitheft. ●●●*

Schnitt und Pflege
von Bäumen und Sträuchern
(**6050**-5) VHS, 45 Minuten, in Farbe, mit Begleitheft. ●●●●*

Erfolgreiche Streßbewältigung
Autogenes Training
Video 1: Einführung und Kurs
Video 2: Übungen
(**6132**-3) VHS, jeweils ca. 60 Minuten, in Farbe. ●●●●●*

Aktfotografie
Gestaltung/Technik/Spezialeffekte
Interpretationen zu einem unerschöpflichen Thema
(**6001**-7) VHS, 60 Min., in Farbe, mit Begleitheft. ●●●●●*

Videografieren perfekt
Profitricks für Aufnahmetechnik und Nachbearbeitung
(**6042**-4) VHS, (**6044**-4) Video 8, 60 Min., in Farbe, mit Begleitheft. ●●●●●*

Besser Videofilmen
(**6172**-2) VHS, ca. 60 Minuten, in Farbe. ●●●●●*

Top-Form Gymnastik
Ein Bewegungsprogramm für pfundige Leute
(**6144**-7) VHS, ca. 30 Minuten, in Farbe. ●●●*

Fitt ohne Fett
PfundsKur Video
(**6142**-0) VHS, ca. 40 Min., in Farbe.●●●●*

Streicheleinheiten für Körper und Seele
Partnermassage
(**6051**-3) VHS, 45 Min., in Farbe, mit Begleitheft. ●●●●●*

Tele Partner Massage
Zärtliche Entspannung zu zweit
(**6131**-5) VHS, ca. 60 Minuten, in Farbe. ●●●●*

Sinnliche Stunden
(**6099**-8) VHS, ca. 60 Min., in Farbe, mit Begleitbroschüre. ●●●●●*

Nie wieder rauchen
(**6100**-5) VHS, ca. 45 Min., in Farbe, mit Begleitbroschüre. ●●●●*

New York
(**6151**-X) VHS, ca. 60 Min., in Farbe. ●●●●*

Kalifornien
(**6152**-8) VHS, ca. 60 Min., in Farbe. ●●●●*

USA Südwest
(**6153**-6) VHS, ca. 60 Min., in Farbe. ●●●●*

Florida
(**6154**-4) VHS, ca. 60 Min., in Farbe. ●●●●*

Hawaii
(**6164**-1) VHS, ca. 60 Min., in Farbe. ●●●●*

Irland
(**6167**-6) VHS, ca. 60 Min., in Farbe. ●●●●*

Norwegen
(**6161**-7) VHS, ca. 60 Min., in Farbe. ●●●●*

Kanarische Inseln
(**6162**-5) VHS, ca. 60 Min., in Farbe. ●●●●*

Mallorca
(**6143**-9) VHS, ca. 60 Min., in Farbe. ●●●●*

Toscana
(**6148**-X) VHS, ca. 60 Min., in Farbe. ●●●●*

Rom
(**6145**-5) VHS, ca. 60 Min., in Farbe. ●●●●*

Venedig
(**6146**-3) VHS, ca. 60 Min., in Farbe. ●●●●*

Florenz
(**6147**-1) VHS, ca. 60 Min., in Farbe. ●●●●*

Paris
(**6157**-9) VHS, ca. 60 Min., in Farbe. ●●●●*

Wien
(**6158**-7) VHS, ca. 60 Min., in Farbe. ●●●●*

London
(**6159**-5) VHS, ca. 60 Min., in Farbe. ●●●●*

Prag
(**6165**-X) VHS, ca. 60 Min., in Farbe. ●●●●*

Griechische Inseln
(**6166**-8) VHS, ca. 60 Min., in Farbe. ●●●●*

Kuba
(**6150**-1) VHS, ca. 60 Min., in Farbe. ●●●●*

Dominikanische Republik
(**6163**-3) VHS, ca. 60 Min., in Farbe. ●●●●*

Malediven
(**6156**-0) VHS, ca. 60 Min., in Farbe. ●●●●*

Bali
(**6149**-8) VHS, ca. 60 Min., in Farbe. ●●●●*

Thailand
(**6155**-2) VHS, ca. 60 Min., in Farbe. ●●●●*

Hongkong
(**6160**-9) VHS, ca. 60 Min., in Farbe. ●●●●*

Berlin
(**6177**-3) Laufzeit ca. 60 Minuten. ●●●●*

Tunesien
(**6174**-9) Laufzeit ca. 60 Minuten. ●●●●*

Kanada
(**6178**-1) Laufzeit ca. 60 Minuten. ●●●●*

Bestellschein

Erfüllungsort und Gerichtsstand für Vollkaufleute ist der jeweilige Sitz der Lieferfirma. Für alle übrigen Kunden gilt dieser Gerichtsstand für das Mahnverfahren. Falls durch besondere Umstände Preisänderungen notwendig werden, erfolgt Auftragserledigung zu dem bei der Lieferung gültigen Preis.

Ich bestelle hiermit aus dem Falken-Verlag GmbH, Postfach 1120, D-65521 Niedernhausen/Ts., durch die Buchhandlung:

Ex.

Ex.

Ex.

Ex.

Name: Datum:

Straße:

Ort: Unterschrift:

Die hier vorgestellten Bücher, Videokassetten und Software sind in folgende Preisgruppen unterteilt:

- ● Preisgruppe bis DM 10,–/S 79,–/SFr 11,–
- ●● Preisgruppe über DM 10,– bis DM 20,– S 80,– bis S 160,– SFr 10,– bis SFr 21,–
- ●●● Preisgruppe über DM 20,– bis DM 30,– S 161,– bis S 240,– SFr 21,– bis SFr 30,–
- ●●●● Preisgruppe über DM 30,– bis DM 50,– S 241,– bis S 400,– SFr 30,– bis SFr 50,–
- ●●●●● Preisgruppe über DM 50,–/S 401,–/SFr 50,–

* (unverbindliche Preisempfehlung)

Die Preise entsprechen dem Status beim Druck dieses Verzeichnisses (s. Seite 1) – Änderungen, im besonderen der Preise, vorbehalten –

Falken-Verlag GmbH · Postfach 1120 FALKEN **D-65521 Niedernhausen/Ts. · Tel.: 0 61 27 / 70 20**